Wolfgang Pinner

●

Nachhaltig investieren und gewinnen

Wolfgang Pinner

Nachhaltig investieren und gewinnen

Profitieren vom ökologischen Megatrend

Linde
international

Bibliografische Information Der Deutschen Bibliothek

Die Deutsche Bibliothek verzeichnet diese Publikation in der Deutschen Nationalbibliografie; detaillierte bibliografische Daten sind im Internet über http://dnb.ddb.de abrufbar.

ISBN 978-3-7093-0206-4

1210 Wien, Scheydgasse 24, Tel.: +43/1/24 630
www.lindeverlag.at

Umschlag: buero8
Satz: deleatur, Dr. Ing. Karl Giesriegl (www.deleatur.com)
Druck: Hans Jentzsch & Co. GmbH., 1210 Wien, Scheydgasse 31
1

Gewidmet meinem Dreimäderlhaus

DANKSAGUNG

Im Zusammenhang mit der Verfassung dieses Buches möchte ich mich bei einer Reihe von „Helferleins“ bedanken, die mich mit Ideen und Korrekturarbeit gehörig unterstützt haben. Insbesondere gebührt mein Dank meiner Frau Andrea und meinen Freunden Thomas Brandner, Martin Cech, Reinhard Friesenbichler und Thomas Motsch.

Inhalt

Vorwort

Eine Frage, die viele Banker im Zusammenhang mit Investments beschäftigt, ist die, ob Finanzdienstleister den Ansprüchen nachhaltigen Wirtschaftens entsprechen können. Können sie die ökonomische, ökologische und soziale Tangente miteinander vereinen oder bleiben sie Institutionen, die vor allem der Finanzwelt dienen und damit rein monetär ausgerichtet sind?

Ich bin der Überzeugung, dass man auf diese Frage keine eindeutige Antwort geben kann. Man kann als Finanzdienstleister versuchen, alle Komponenten der Nachhaltigkeit zu beachten. Ob es gelingt, sie immer einzuhalten, stelle ich in Zweifel. Man darf bei der Suche nach einer klaren Antwort nämlich nicht vergessen, dass selbst Nischenplayer im Bankgeschäft eine Vielzahl von Kundenwünschen zu entsprechen haben. Nehmen wir nur den Bereich Finanzierung her: Wie kann man bei der Kreditvergabe sicherstellen, dass alle Bereiche der Nachhaltigkeit eingehalten werden? Erschwert wird das Ganze, wenn man in mehreren Ländern aktiv ist, die Nachhaltigkeit unterschiedlich definieren. Somit wird es mit der Größe des Instituts zumindest nicht leichter, die „nachhaltige Frage" zu beantworten.

Die Idee, die im 19. Jahrhundert zur Gründung vieler Sparkassen in Europa führte, war eng mit dem Gedanken der Hilfestellung verbunden. Nachhaltigkeit im Umgang mit den Kunden war somit im Sinne einer Optimierung der Stakeholderbeziehung zum Sparer ein prioritäres Ziel. Ein Ziel, das es dem Kunden damals ermöglicht hat, überhaupt einmal mit einer Bank in Kontakt zu treten, ein Sparbuch anzulegen oder einen Kredit zu erhalten – etwas, was zu dieser Zeit nur dem Adel vorbehalten war. Heute stellt sich aber bei Aktiv- wie Passivgeschäften auch die Frage der Optimierung anderer Stakeholderbeziehungen zu Gruppen wie Mitarbeitern, der Umwelt oder der Gesellschaft. Zu letzterem Thema hat die Erste Bank erst jüngst Verantwortung übernommen und die „zweite Sparkasse" gegründet, die Kunden, die normalerweise keine Bankbeziehung pflegen können, vorbehalten ist.

Auch die Ebene der nachhaltigen Anlageprodukte ist eine Herausforderung für jedes Großinstitut. Hier hat die Erste Bank mittlerweile eine breite Palette an Nachhaltigkeitsfonds sowie nachhaltigen Themenfonds aufgelegt und ist zudem noch im Bereich Mikrofinanz engagiert.

„Geld regiert die Welt" ist einer der bekannten Slogans gegen die Monatarisierung unserer Gesellschaft und unseres Lebens. Tatsächlich ist Geld aber eigentlich nur ein Tauschmittel – und, wie sich in den letzten Jahrhunderten gezeigt hat, ein sehr effektives obendrein. Positiv gesehen können Finanzinstitute bei der „Finanzierung des Lebens" jedes Einzelnen dienlich sein – und zwar nachhaltig. Sie helfen dem Menschen, in seinen verschiedenen Lebensphasen Aktiv- und Passivsalden abzudecken, das heißt je nach Vermögenslage Mittel anzulegen oder Kredite aufzunehmen. Und nicht zuletzt helfen sie auch bei der dringend notwendigen Eigenvorsorge.

Andreas Treichl
Generaldirektor Erste Bank

Einleitung

Haben Sie gehört, wer 2006 und 2007 mit dem Friedensnobelpreis ausgezeichnet wurde? Es waren Mohammed Yunus im Jahr 2006 und Al Gore im Jahr 2007. Die Auszeichnung wurden für Initiativen in den Bereichen Kleinstkredite – sogenannte Mikrokredite – und Klimaschutz verliehen. Beide Themen haben gemeinsame Wurzeln: Nachhaltigkeit und Verantwortung.

Beim Lesen des Titels dieses Buches werden Sie sich möglicherweise fragen: Was ist denn schon nachhaltig? Wahrscheinlich leben wir andauernd in und mit einem Umfeld, in dem vielfach kurzfristige Denkweisen, Ungerechtigkeit und Unverantwortlichkeiten gang und gäbe sind. Dennoch ist Nachhaltigkeit genauso wie ein verantwortlicher Lebensstil das, was dem kultivierten und modernen Menschen ein Anliegen ist. Die Demokratisierung der Gesellschaft hält Einzug, Überzeugung löst Druck ab, ebenso wie die Überzeugung, dass man das eigene Leben selbst gestalten kann und dafür auch Verantwortung tragen muss.

Menschen eine nachhaltige und faire Chance für ihre Entwicklung zu geben kann aus einem demokratischen, sozialistischen und kapitalistischen Gedankengut abgeleitet werden. Beim Denken an ein nachhaltig orientiertes Leben und Handeln sollte aber auch nicht vergessen werden, dass wir in einer Welt leben, in der Geld als Ersatz für den Tauschmechanismus eine herausragende Rolle gewonnen hat. Geld, Sparen und Anlegen sind wesentliche Eckpunkte in unserer Gesellschaft und für die Finanzierung unseres Lebens. Oftmals überwiegt sogar die Überzeugung, dass „Geld die Welt regiert".

Was liegt also näher, als auch unserem Geld „eine faire Chance zu geben, nachhaltigen Ertrag zu liefern". Dazu gehören einerseits Entfaltungsmöglichkeiten, Geld soll nicht im Sparstrumpf oder seinem modernen Pendant, dem Sparbuch, verkümmern. Aktien, Anleihen, Fonds und vieles mehr stehen als Alternativen bereit. Der Terminus „nachhaltig" betont jedoch, wie wichtig es ist, Geldanlage und Verantwortung im Kontext zu sehen.

Es darf uns nicht egal sein, wie mit unserem Gesparten oder Investierten wirklich umgegangen wird. Wir sind mündige Bürger, wir sollten auch mündig investieren. Wenn wir nicht aufpassen, könnte unser Geld doch glatt Kinder arbeiten lassen oder Massenvernichtungswaffen herstellen. Ein unangenehmes Bild, das aber lösbar ist.

Denn es gibt sie, die Geldanlage mit Gewissen, Verantwortung, ethischen Grundsätzen und Perspektiven für eine nachhaltige Entwicklung unserer Erde. Noch sind die Verfechter von Rechten der Umwelt und der Anspruchsgruppen – oder neudeutsch „Stakeholder" – in der Minderheit, aber es werden stündlich mehr. Und das aus gutem Grund. Denn Verantwortung zu zeigen heißt auch, sich mehr zu denken, Trends zu antizipieren und innovativ zu sein.

So kommen wir zu folgendem Paradoxon: Die alternative Seite der Geldanlage mit nachhaltiger Ausrichtung bezieht zwar neben wirtschaftlichen auch soziale und ökologische Kriterien mit ein, schneidet letztendlich aber trotzdem rein ökonomisch besser ab. Es gibt ihn also, den „positiven Kapitalismus", der gute Erträge mit Verantwortung verbindet.

Das vorliegende Buch soll diesem Paradoxon auf den Grund gehen und zeigen, dass „sich mehr denken" auch bei Investitionen zum Erfolg führen kann. Die Chance auf nachhaltigen Ertrag für das Geld aus dem eigenen Portemonnaie kann somit den sehr erfreulichen Nebeneffekt einer überraschend guten Wertentwicklung haben.

Nach der Lektüre dieses Buches soll außerdem die Unsicherheit des Anlegers endgültig beseitigt werden. Statistiken zufolge interessieren sich nämlich 81 Prozent der Bevölkerung in unseren Breiten für das Thema Nachhaltigkeit, aber nur zwei Prozent investieren in nachhaltige Fonds. Information und Unsicherheit sind dabei die Gründe für die noch geringe Verbreitung. Also lesen Sie bitte genau …

Wolfgang Pinner
Januar 2008

Wie verwende ich diesen Ratgeber?

Das vorliegende Buch ist als Ratgeber für den an nachhaltigem Investment interessierten Anleger konzipiert. Der Aufbau des Buches umfasst fünf Stufen. Die ersten zwei Kapitel sind dem Basiswissen zu den Themen Nachhaltigkeit und Investments gewidmet. Der Anleger wird in die Themen Verantwortung und Investments eingeführt und erhält die Basis für die folgenden Kapitel. Im dritten Kapitel werden die Themenbereiche Nachhaltigkeit und Investments zu nachhaltigen Investments zusammengeführt. Mit der Basis der notwendigen Theorie ausgestattet, geht es im folgenden vierten Kapitel um den Ertrag, das Hauptziel jedes Investments. Das letzte Kapitel schließlich gibt einen Überblick über den aktuellen Markt für nachhaltige Investments und die wesentlichen Anlageprodukte.

Der Investor hat nun mehrere Möglichkeiten, das Buch zu nutzen:

1) Althergebrachter Stil – Wissensaufbau und Anlageentscheidung
   In diesem Fall wird das Buch vom Anfang bis zum Ende den Kapiteln folgend gelesen – der optimale Ansatz für den Einsteiger.
2) Ungeduldiger Stil – Produktbetrachtung und Nachlesen
   Hat der Investor schon genügend Vorwissen, so kann er auch sofort die aktuell angebotenen Geldanlageprodukte durchsehen. Er wird das Buch dann im Nachhinein zur Festigung seines Know-hows lesen.

3) Unkonventioneller Stil – Kapitel-Hopping ohne spezielle Struktur
Auch das Lesen einzelner Kapitel, die dem Leser sofort ins Auge stechen, ist möglich. In diesem Fall sollte der Investor aber versuchen, letztendlich keinen Teil des „Werkes" zu versäumen.

Am Beginn dieses Buches soll Ihnen eine Möglichkeit zur Selbsteinschätzung geboten werden. Sind Sie jemand, der bereits nachhaltig denkt? Aber keine Angst! Auch bei zunächst „schlechtem" Abschneiden wird die Lektüre des Buches sicherlich dazu beitragen, das individuelle, nachhaltige Denken zu fördern und zu unterstützen.

Special: Investorenquiz – denken Sie nachhaltig?

1) Welcher Park ist Ihnen am sympathischsten?
A Gewerbepark
x B Parkanlage
C Parkhaus

2) Sollten Mitarbeiter eines Unternehmens
A sich für das Unternehmen aufopfern?
B sich wenn möglich etwas anstrengen?
x C immer ihr Bestes geben?

3) Sollten Unternehmen an der Zukunft der Gesellschaft, die sie umgibt,
A interessiert sein?
x B sich wenn möglich aktiv beteiligen?
C sich lieber nur um den internen Geschäftsbetrieb kümmern?

4) Sollten Unternehmen ihren Kunden Produkte liefern,
A die hohe Gewinnmargen abwerfen?
x B die langfristig für beide Seiten (Unternehmen und Kunden) eine optimale Lösung darstellen?
C die möglichst zeitgeistig sind?

5) *Wofür erhielt Al Gore im Jahr 2007 den Friedensnobelpreis?*
x A *für Aktivitäten im Bereich Klimaschutz*
B *für einen Friedensplan für den Nahen Osten*
C *für das Überlassen des Präsidentenamtes an George Bush im Jahr 2000 und den Verzicht auf weitere rechtliche Schritte, beides um den Schaden in der Öffentlichkeit für die USA im Rahmen zu halten*

6) *Was muss ein Auto können, um für Sie interessant zu sein?*
A *Es muss schnell sein.*
x B *Es muss effizient sein.*
C *Es muss billig sein.*

7) *Sind neue Fabriken für Sie generell*
A *ein Übel?*
x B *eine Chance?*
C *ein Zeichen des Fortschritts?*

8) *Denken Sie bei Billigfleisch*
x A *an die Haltung der Tiere?*
B *an Ihr nächstes Steak?*
C *an die Menge des Einkaufs?*

9) *Bezüglich der zur Neige gehenden Energiereserven der Welt brauchen wir*
A *neue Technologien?*
B *bessere Beziehungen zu Ölscheichs und Russland?*
x C *Eigeninitiativen zum Energiesparen?*

10) *Wie ist Ihre Reihung der Präferenzen bei der Bewertung von Unternehmen?*
A *Ertragsorientierung – langfristige Strategie – kurzfristige Gewinne*
B *kurzfristige Gewinne – Ertragsorientierung – langfristige Strategie*
x C *langfristige Strategie – Ertragsorientierung – kurzfristige Gewinne*

Die Auswertung:
5 Punkte erhalten Sie für 1B, 2C, 3B, 4B, 5A, 6B, 7B, 8A, 9C, 10C
3 Punkte erhalten Sie für 1A, 2A, 3A, 4A, 5C, 6C, 7A, 8C, 9A, 10A
1 Punkt erhalten Sie für 1C, 2B, 3C, 4C, 5B, 6A, 7C, 8B, 9B, 10B

66–100 Punkte
Der nachhaltige Überzeugungstäter
Sie haben bereits einen Bezug zu Umwelt, Sozialem, aber auch zu Ökonomie. Sie verstehen, dass es auf mehr als kurzfristigen Gewinn ankommt und dass die Konsumgesellschaft nicht alles ist. Schauen Sie sich bei nachhaltigen Anlageprodukten um, es wird etwas für Sie dabei sein. Denken Sie auch darüber nach, größere Teile Ihres Vermögens nachhaltig zu investieren.

33–66 Punkte
Der nachhaltige Potentialträger
Sie sind dem Thema „Nachhaltigkeit" gegenüber nicht völlig negativ oder abweisend eingestellt. Trotzdem ist Ihre Gedankenwelt eher konventionell ausgeprägt. Das Studium nachhaltig orientierter Literatur könnte vielleicht helfen. Im Bereich von nachhaltigen Anlageprodukten könnten Themenfonds am ehesten Ihren Geschmack treffen. Nachhaltige Investments könnten für Ihr Portfolio eine interessante Beimischung sein.

10–33 Punkte
Der nachhaltige Agnostiker
Das Thema Nachhaltigkeit ist offenbar nicht wirklich das Ihre. Ihre Gedankenwelt bewegt sich eher rund um Geld und Konsum als um die dreidimensionale nachhaltige Sichtweise. Nachhaltige Investitionen könnten für Sie wohl nur aus rein finanziellen Gesichtspunkten heraus interessant sein.

Kapitel 1: Verantwortung

Sich verantwortungsvoll und nachhaltig zu verhalten bedeutet über den Tellerrand hinaus zu blicken. Nicht nur rein wirtschaftliche Interessen sollten im Mittelpunkt stehen, sondern auch soziale und ökologische Sichtweisen. Dabei steht nicht die Ideologie im Vordergrund, sondern die langfristige Erhaltung der menschlichen wie umweltbezogenen Ressourcen.

Ich will wissen, wo mein Geld arbeitet - Verantwortung und Nachhaltigkeit

Dieses Buch ist dem Thema Verantwortung und Investment gewidmet. Es soll aufzeigen, dass die beiden Ziele, nämlich verantwortlich zu handeln und nebenbei noch gute Erträge aus Investments zu erzielen, unter einen Hut gebracht werden können. Und der Name dieses Hutes ist Nachhaltigkeit.

Denn was wir unter Verantwortung verstehen, ist im Bereich Geldanlage weitgehend mit dem Begriff Nachhaltigkeit gleichzusetzen. Was aber bedeutet Nachhaltigkeit in diesem Zusammenhang? Nachhaltigkeit hat mit Begriffen wie Langfristigkeit, aber auch Verantwortung und Gerechtigkeit zu tun. Viele Menschen verwenden auch heute noch die Begriffe „nachhaltig“ und „langfristig“ in einem Atemzug. Aber Nachhaltigkeit ist – und kann – viel mehr!

Die heute gängige Definition von nachhaltiger Entwicklung stammt aus 1987, und zwar von der „Brundtland-Kommission“ – eigentlich der Weltkommission für Umwelt und Entwicklung – rund um die ehemalige norwegische Ministerpräsidentin. Dabei stehen die Erhaltung der Ressourcen für die Zukunft und die Gerechtigkeit der Verteilung im Mittelpunkt:

„Nachhaltige Entwicklung ist eine Entwicklung, die den Bedürfnissen der heutigen Generation entspricht, ohne die Möglichkeiten künftiger Generationen zu gefährden, ihre eigenen Bedürfnisse zu befriedigen.“

Was hat Nachhaltigkeit aber mit Gerechtigkeit zu tun? Im Wesentlichen ist damit die Gerechtigkeit entweder innerhalb einer oder zwischen mehreren Generationen gemeint. Wie werden Ressourcen – und natürlich auch finanzielle Mittel – heute aufgeteilt, wie werden sie langfristig erhalten? Gerechtigkeit bedeutet aber auch eine Abstimmung von Interessen. Und zwar geht es dabei um die Interessen von der ökonomischen, sozialen und ökologischen Seite. Diese drei Teile oder Dimensionen sind die Basis des Nachhaltigkeitsgedankens. Sie tauchen in allen Diskussionen zum Thema Nachhaltigkeit auf.

Wenn man an Generationen und Ressourcen denkt, dann ist Erdöl einer der ersten Bodenschätze, der diskutiert wird. Hierbei ist beispielsweise die Diskussion um das Ölfördermaximum – oder Peak Oil – das den Zeitpunkt bezeichnet, ab dem die Gesamtförderung aller weltweiten Ölfelder abnimmt, von Interesse. Ab diesem Zeitpunkt wird die Verfügbarkeit von

Erdöl stetig sinken. Einige Wissenschaftler befürchten, dass dieser Zeitpunkt bereits überschritten wurde oder gerade erreicht wird.

Info-Box

Die drei Dimensionen der Nachhaltigkeit

Nachhaltigkeit bedeutet, auf ökonomische, ökologische und soziale Belange Rücksicht zu nehmen. Damit soll eine langfristig ausgewogene und positive Entwicklung sichergestellt werden. Die vor allem in den USA dominierende kapitalistische Wirtschaftsordnung betont eindeutig die ökonomischen Belange, die in Kontinentaleuropa entwickelte soziale Marktwirtschaft hat die soziale Dimension zumindest teilweise mit einbezogen. Daher ist die ökologische Dimension aktuell der Mittelpunkt der Nachhaltigkeitsdiskussion.

Aber Nachhaltigkeit ist eigentlich nichts Neues. Der Begriff der Nachhaltigkeit hat mehrere Wurzeln. Auf der ökologischen Seite geht er unter anderem auf die Ressourcen erhaltende Waldwirtschaft im deutschsprachigen Europa des 18. Jahrhunderts zurück. Der Forstwirtschaftsexperte Hans Carl von Carlowitz schrieb bereits im Jahr 1713 über die Bedeutung der „nachhaltigenenden Nutzung" der Wälder. Im Jahr 1852 erließ der österreichische Kaiser Franz Joseph I ein kaiserliches Patent wonach *„Wälder nicht bloß erhalten, sondern in angemessener Betriebsweise nachhaltig bewirtschaftet werden sollen"*. Ziel war dabei die Bewahrung der Ressource Wald an sich und der reine „Fruchtgenuss", also die Nutzung dessen, was sich aus langfristiger Perspektive sinnvoll ernten ließ. Andere Beispiele nachhaltiger Konzepte sind etwa der seit Jahrhunderten praktizierte Reisterrassenbau in China und Indonesien oder der Fischfang der Inuit, bei denen Ressourcen auf Dauer genutzt, aber nicht unwiederbringlich aufgebraucht werden. Auch die im Mittelalter eingeführte Drei-Felder-Wirtschaft in Mitteleuropa kann als nachhaltiges Konzept gelten.

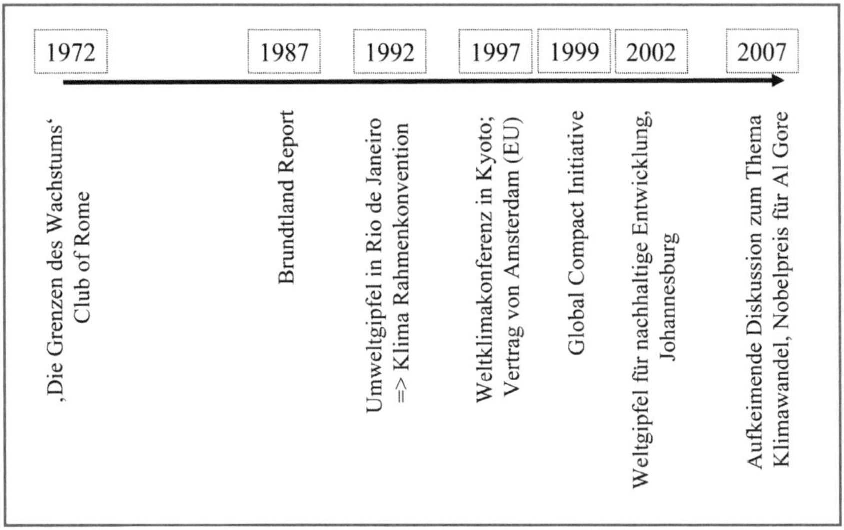

Abbildung: Meilensteine der Nachhaltigkeitsdiskussion

Die Diskussion rund um Nachhaltigkeit in der Wirtschaft wurde im letzten Jahrhundert vom Experten-„Think-Tank" Club of Rome gestartet. 1972 war das Jahr, in dem die Grenzen der Wachstumsphilosophie unserer Wirtschaftsordnung diskutiert wurden. Fünfzehn Jahre später folgte der Brundtland Report mit der bereits genannten Definition des Begriffes Nachhaltigkeit. Im Rahmen des Umweltgipfels in Rio de Janeiro im Jahr 1992 wurde die sogenannte Agenda 21 ausgearbeitet. In ihr steht: *„Die Menschen müssen bei allen Bemühungen, eine nachhaltige, die Umwelt nicht zerstörende Entwicklung zu sichern, im Mittelpunkt stehen."*

Gemäß Agenda 21 ergeben sich unterschiedliche Nachhaltigkeitsziele für Industrie- und Entwicklungsländer. Die Industrieländer sollen die Wirtschaftspolitik und ihren Energieverbrauch, die Agrarpolitik- und die Handelspolitik anpassen, denn sie verbrauchen im Verhältnis zur Gesamtbevölkerung wesentlich mehr Ressourcen. In Schwellen- und Entwicklungsländern bezieht sich die Agenda 21 eher auf Armutsbekämpfung, Bevölkerungspolitik, Bildung, Gesundheit, Trinkwasser- und sanitäre Versorgung, Abwasser- und Abfallbeseitigung sowie ländliche Entwicklung.

Dabei bezieht sich die Agenda 21 nicht nur auf eine Ebene. Die Agenda 21 sollte in verschiedenen Dimensionen umgesetzt und diskutiert werden. Das heißt, dass die gesamtstaatliche Ebene genauso ein Thema ist wie

Bundesländer oder Kantone und schließlich Gemeinden. In der Folge ein Beispiel für eine lokale Agenda 21:

Beispiel: Lokale Agenda 21 – Mühlviertler Alm/Oberösterreich
Die strukturschwache ländliche Region Mühlviertler Alm hat bereits Anfang 2001 einen regionalen „Agenda 21"-Prozess begonnen. Über 1000 Personen haben an Zukunftswerkstätten und Impulsveranstaltungen teilgenommen, mehr als 2000 haben sich an einer regionalen Befragung beteiligt, mehr als 100 Personen wirken aktiv an der Umsetzung mit. Schwerpunktaktivitäten umfassten Themen wie Chancengleichheit in der Region, Kulturstammtisch, gemeindenahe Arbeitsintegration psychisch benachteiligter Menschen und Technologiezentrum am Bauernhof. Bei einer vor kurzem durchgeführten Evaluierung zeigten 26 analysierte Zukunftsprojekte ein überaus positives Bild. Die nächste Projektphase bis 2008 umfasst neue Arbeitsschwerpunkte zu den Themen Ökowirtschaft, Schulen und Jugend, Beschaffung, Natur/Ökologie, Globalisierung, demographische Entwicklung und Know-how-Verlust.

Weitere internationale Gipfel folgten in den Jahren 1997 (Kyoto) und 2002 (Johannesburg). Der Gipfel in Kyoto ist vor allem wegen des sogenannten Kyoto-Protokolls und der Kyoto-Ziele bekannt. Das Protokoll sieht vor, den jährlichen Treibhausgas-Ausstoß der Industrieländer im Zeitraum 2008 bis 2012 um durchschnittlich 5,2 Prozent gegenüber 1990 zu reduzieren.

1999 lancierte die UNO die Initiative Global Compact, die Leitprinzipien in den Bereichen Menschenrechte, Arbeitsnormen und Umweltschutz umfasst und ein System nachhaltiger Leitlinien für Unternehmen darstellen soll. Dazu mehr im dritten Kapitel.

In den letzten Jahren bekam die Diskussion rund um das Thema Nachhaltigkeit sozusagen „Schützenhilfe" durch das Phänomen Klimawandel. Die Erderwärmung und ihre bereits heute für alle sichtbaren Folgen haben die Diskussion rund um Ökologie und Wirtschaft stark belebt. Schließlich erhielt der ehemalige US-Vizepräsident und „Fast-Präsident" Al Gore 2007 den Friedensnobelpreis für seine Aktivitäten rund um das Thema Klimawandel.

Aber zurück zum eigentlichen Thema des ersten Kapitels. Das Konzept Nachhaltigkeit ist kein eindimensionales, sondern ein mehrdimensionales.

Es geht dabei nicht um die kurzfristige Optimierung von Profit, sondern um ein langfristig orientiertes, verantwortungsvolles Handeln.

Das Konzept der Nachhaltigkeit umfasst, wie bereits angedeutet, drei Dimensionen. Diese sind Natur, Gesellschaft und Wirtschaft, Begriffe, die einander überschneiden und Wechselwirkungen zeigen. Ohne Natur keine Gesellschaft und ohne Gesellschaft keine Wirtschaft beziehungsweise Unternehmen. Diese sind von der sie „genehmigenden" Gesellschaft und die Gesellschaft von der ihr alle natürlichen Ressourcen bereitstellenden Mutter Erde abhängig. Interessanterweise stehen damit Unternehmen, die heutzutage oft unser Leben zu dominieren scheinen, eigentlich erst an dritter Stelle einer „natürlichen Rangordnung" oder Legitimationskette.

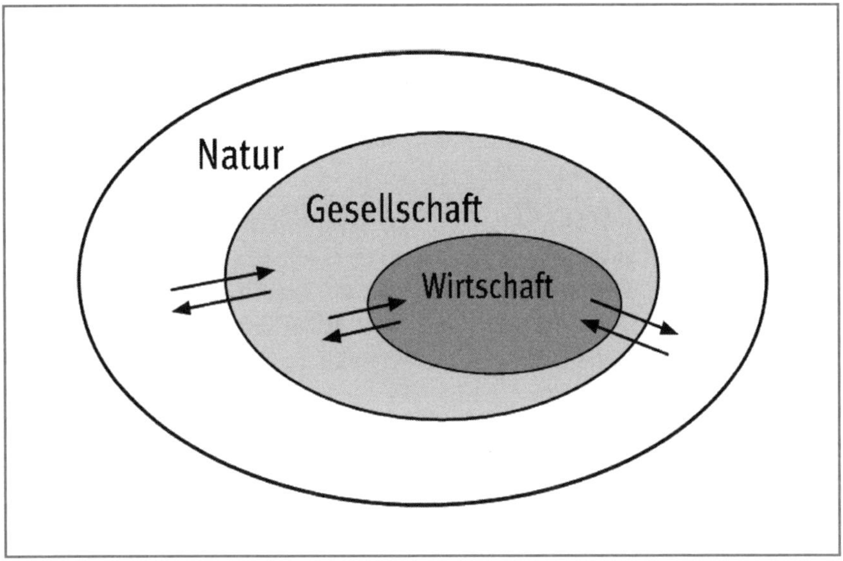

Abbildung: Natur, Gesellschaft und Unternehmen

Die drei Teilbereiche oder Dimensionen der Nachhaltigkeit, die zu berücksichtigen sind, werden auch mit dem Begriff des „dreifachen Ergebnisses" – oder im Englischen der „triple bottom line" – eines Unternehmens zusammengefasst. Die Idee dahinter ist folgende: Ein Unternehmen sollte drei Bilanzen legen. Nicht nur die gängigen finanziellen Ergebnisse sind von Bedeutung, sondern auch die Zahlen und Resultate, die das Unternehmen im Bereich Soziales und Umwelt erwirtschaftet hat.

Dabei begegnen uns Nachhaltigkeitskonzepte in verschiedenen Teilbereichen der privaten und auch öffentlichen Wirtschaft. Sie umfassen die verschiedensten Wirtschaftssektoren und Lebensbereiche.

Beispiel: Nachhaltigkeitskonzept für die Fußball Europameisterschaft 2008
Schon bei der Durchführung der Fußball-Weltmeisterschaft 2006 in Deutschland wurden erstmals auch ökologische Aspekte berücksichtigt. Diese Strategie wird bei der EURO 2008 noch weiterentwickelt. Die von Österreich und der Schweiz entwickelte Nachhaltigkeits-Strategie für den Event umfasst Umwelt, Ökonomie und soziale Aspekte/Kultur. Die Umweltauswirkungen der Fußball-EM sollen möglichst gering gehalten werden.
In Österreich strebt man an, die durch die EURO 2008 in Österreich entstehenden zusätzlichen Treibhausgase möglichst zur Gänze zu kompensieren, etwa durch Klimaschutzmaßnahmen und andere Umweltprojekte. Erste Schätzungen gehen von etwa 40.000 Tonnen CO_2 aus, die durch den Fußball-Event zusätzlich in Österreich anfallen werden. Gemeinsam mit der An- und Abreise der Aktiven und Zuseher sind es rund 160.000 Tonnen. Um das Ziel der Klimaneutralität zu erreichen, wurde im Lebensministerium eine eigene „Umwelt am Ball"- Förderschiene geschaffen. Mit einem Softdrinkkonzern, einem der Hauptsponsoren der Fußball Europameisterschaft, konnte ein attraktiver Partner zur Unterstützung von Umwelt am Ball gewonnen werden. Auf seine Initiative hin werden speziell für die EURO 2008 insgesamt über 1.300 neueste umweltfreundliche Kühlgeräte zum Einsatz kommen, Gäste des Unternehmens können klimaneutral an- und abreisen – denn die reisebedingten CO_2-Emissionen werden durch die Finanzierung von Klimaschutzprojekten kompensiert.

Bei der Frage, wie nachhaltige Entwicklung nun tatsächlich auszusehen hat, sind sich nicht alle Experten einig. Es gibt verschiedene Ansätze zum Thema Nachhaltigkeit, wobei vor allem zwei die unterschiedlichen Denkweisen aufzeigen. Zum einen ist da der Ansatz der „schwachen Nachhaltigkeit". Folgt man dieser Definition oder Glaubensrichtung, so können knappe Ressourcen durch Innovation und Technologieentwicklung gestreckt oder ersetzt werden. Das heißt, dass der Mensch der Erde auch mehr Ressourcen entnehmen darf als nachwachsen oder ersetzt werden. Der Ansatz der „starken Nachhaltigkeit" hingegen will die Ressourcen gänzlich erhalten.

Dementsprechend dürfen Ressourcen nur im Rahmen ihrer Regenerationsfähigkeit verwendet werden.

Info-Box

Schwache und starke Nachhaltigkeit

Wie erwähnt, geht es beim nachhaltigen Ansatz um Ressourcenschonung und -erhaltung. Die Vertreter der „Technologiepartei" in der Diskussion ähneln den Realos in den Grünbewegungen. Sie wollen die Strukturen nicht radikal verändern, sondern hoffen auf eine langsame, tendenzielle Veränderung. Die Vertreter der starken Nachhaltigkeit stehen quasi für die Fundis. Ihrer Meinung nach geht es weniger um Technologien, die entwickelt werden oder auch nicht, sondern es geht um eine Veränderung des Lebensstils und der wirtschaftlichen Strukturen.

Fest steht jedenfalls, dass egal, ob bei schwacher oder starker Definition der Nachhaltigkeit, der Gedanke an die Erhaltung der Basis unseres Lebens im Mittelpunkt steht, und zwar im Sinne eines langfristigen Konzepts. Im Kapitel 3 des Buches soll gezeigt werden, dass diese Zielsetzung mit Hilfe von Börsen und Finanzanlagen durchaus unterstützt werden kann.

Kapitel 2: Investments

Die für Geldanlagen zur Verfügung stehenden Investmentformen sind mannigfaltig und manchmal unübersichtlich. In diesem Kapitel werden die Hintergründe der klassischen Investments wie Aktien und Anleihen im Detail beleuchtet. Weiters werden Ertragsaussichten und Musterportfolios erläutert.

Gute Erträge erwirtschaften - Investieren

„Spare in der Zeit, dann hast du in der Not" ist ein Sprichwort, das den Hintergrund des Spargedankens gut beschreibt. Durch Sparen kann man das Auf und Ab im persönlichen Einkommen gut abfedern – und das sowohl kurzfristig (wie für die Urlaubsfinanzierung) als auch langfristig (wie für die Zeit nach der aktiven Karriere in der Pension).

Was ist aber nun der Unterschied zwischen Sparen und Anlegen oder Investieren? Sparen kommt eher dem „Aufbewahren" gleich, während Geldanlagen oder Investments schon in Richtung strategisches Handeln zu verstehen sind. Der Investor denkt also schon durchaus im Detail an seine Zielsetzungen und den zeitlichen Rahmen seiner Investitionen.

Ein wichtiger Hintergrund für das Thema Geldanlage ist in unseren Breiten der Vorsorgegedanke. Wie erwähnt, versuchen der Sparer und der Anlager, für ihren Lebensabend genügend finanzielle Mittel anzuhäufen. Unser sich für die Zukunft abzeichnendes demografisches Problem mit einem Ungleichgewicht von Einzahlern und Berechtigten verschärft diese Notwendigkeit. Selbst ist also die Frau oder der Mann, was Vorsorge betrifft, und hinter dem Vorsorgegedanken sollte auch die Strategie nicht fehlen. Denn Vorsorgeinvestments sollten nachhaltig Sinn machen.

Info-Box

Vorsorge und Demografie

Unser soziales Umfeld ist durch die zunehmende Alterung unserer Gesellschaft und die geringe Anzahl von Nachkommen geprägt. Das vor allem in Kontinentaleuropa in staatlichen Pensionsordnungen verbreitete Umlageverfahren, in dem die derzeit Aktiven – also die im Arbeitsprozess stehende Bevölkerung – die Pensionen der Rentner bezahlen, kommt damit zunehmend ins Wanken. Die traditionelle Staatspension als erste Säule der Vorsorge wird an Bedeutung verlieren. Die zweite Säule stellt die betriebliche Vorsorge dar – sie basiert auf der Bereitschaft oder Pflicht eines Unternehmens, für die eigenen Mitarbeiter zusätzlich vorzusorgen. Die dritte Säule schließlich ist die rein private Vorsorge des Einzelnen. Säule zwei und drei gewinnen in den letzten Jahren immer mehr an Bedeutung. Sie sind aufgrund des Vorsorgecharakters eindeutig langfristig ausgerichtet und damit natürlich ein interessantes Thema für nachhaltiges und zukunftsgerichtetes Investment.

Dabei hat der Mensch typischerweise nicht in allen Lebenslagen gleich viel finanzielle Mittel zur Verfügung. Kinder beginnen meist damit, ihr Taschengeld zu sparen, und Jugendliche geben eher mehr aus, als sie verdienen. Es folgt die Zeit, wo der junge Erwachsene in Wohnung oder Haus und Haushalt investiert und sich oft verschulden muss. Später kommt die lange aktive Phase im Einkommen, in der Kredite zurückgezahlt und für das Alter vorgesorgt wird. In dieser Zeit kann der Mensch große Reserven aufbauen und Kapital anhäufen. Im späten Alter selbst werden Ersparnisse dann tendenziell wieder aufgebraucht, und zwar mit ansteigender Dynamik. Der Hintergrund sind geringere Einkommen der Pensionisten und zunehmende Aufwendungen im medizinischen Bereich. Die folgende Abbildung bildet den durchschnittlichen, jährlichen Vermögensauf- und -abbau eines Menschen in der westlichen Welt ab. Sie zeigt also, ob die individuellen finanziellen Einnahmen oder Ausgaben überwiegen.

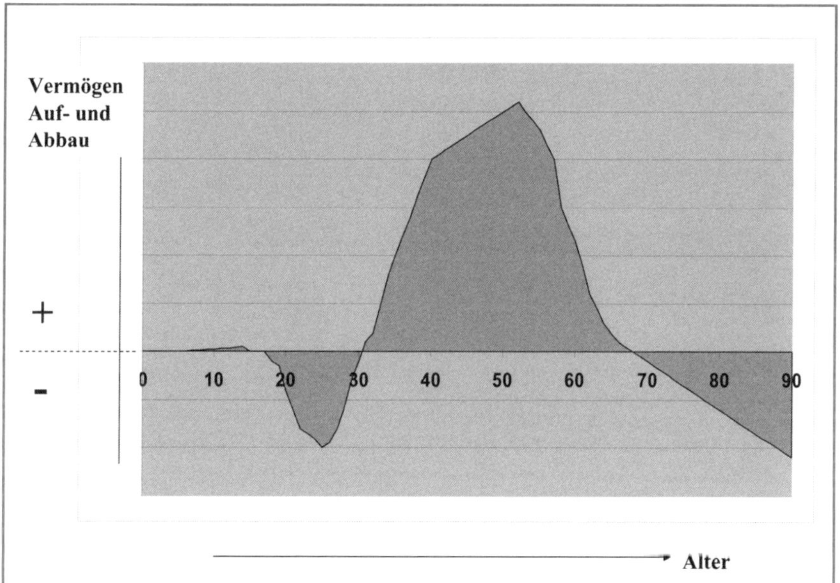

Abbildung: Typische Lebensphasen mit Vermögensauf- und -abbau

Nachdem nun der wesentliche Hintergrund für individuelle Geldanlagen und Vorsorge diskutiert wurde, noch ein paar Worte zum Investor selbst: Die Gruppe der Investoren und Börsianer sind oft nicht wirklich die Darlings der öffentlichen Meinung. Der Hintergrund ist zum einen die häufige Verwechslung und Gleichsetzung der Begriffe Investor und Spekulant und zum anderen ein generelles Unverständnis, was Investmentbelange betrifft. Börsianer, Investoren und Spekulanten werden viel zu oft in ein und denselben Topf geworfen. Die Assoziation ist der böse Kapitalist mit dreiteiligem Nadelstreifanzug, schütterem Haar und brennender Zigarre im Mund. André Kostolany meinte zwar auch, *„eine gute Anlage ist eine gelungene Spekulation"*, aber er irrte – in diesem Fall –, denn die dargestellten Assoziationen sind ein Vorurteil, wie sich leicht erklären lässt.

Was sind aber nun die wesentlichen Unterschiede zwischen Investoren und Spekulanten? Während der Spekulant an kurzfristigen Gewinnen interessiert ist und oft ohne irgendwelche Skrupel agiert, versucht der Investor längerfristig und strukturiert vorzugehen. Die Rothschild'sche Aussage, wonach *„man sich an der Börse verhalten muss wie beim Baden in kaltem Wasser – hineinspringen und rasch wieder heraus"*, ist auf den Spekulanten gemünzt. Aber auch bei den Investoren gibt es Ausnahmen. Und manchmal bleibt es beim Versuch, langfristig anzulegen, wenn sich zum Beispiel die Rahmenbedingungen für Investments wirklich von Grund auf ändern. In solchen Fällen muss auch der langfristig orientierte Anleger manchmal kurzfristig handeln.

Beispiel: Spekulant Dagobert Dollar und Anleger Gernot Grünwald

Dagobert Dollar und Gernot Grünwald haben jeweils 10.000 Euro für Investments zur Verfügung. Dagobert Dollar geht es dabei um kurzfristige Gewinne. Er will in Aktien investieren, die einen möglichst schnellen Profit ermöglichen. Daher schaut Dagobert täglich Börsefernsehen und beobachtet auch die Kursverläufe während des Tages – die sogenannten Intraday-Bewegungen. Das bringt viel Stress, macht ihm aber auch jede Menge Spaß. Was hinter den Aktien steckt, ist ihm völlig egal. So ungefähr zu wissen, was das Unternehmen tut, reicht allemal. Gernot Grünwald hingegen will langfristig anlegen. Daher überlegt er, welches Unternehmen interessant sein könnte. Er versucht auch etwas mehr zu wissen und nachzuforschen, wie es mit den Produkten und dem Management des Unternehmens aussieht. Findet Gernot Grünwald ein geeignetes Unternehmen, dann will er sich langfristig beteiligen und am Erfolg des Unternehmens partizipieren. Seine angestrebte Behaltefrist für Investments liegt eher im Bereich von Jahren, im Fall von Dagobert Dollar hingegen sind es eher Tage.

Langfristiges Denken ist eng verbunden mit dem Thema Nachhaltigkeit, dem die Kapitel 3 bis 5 gewidmet sind. Denn nachhaltige Geldanlagen bauen auf eine strategische, mehrdimensionale Sichtweise auf, bei der kurzfristiges Denken eine untergeordnete Rolle spielt.

Investoren zu kritisieren und die Erträge als Spekulationsgewinne abzutun ist einfach. Was viele Kritiker der Börse und des Investments aber oft vergessen, ist, dass fast alle von uns selbst quasi „im Glashaus" sitzen. Denn wir alle kennen und verfügen oft auch über Sparpläne, Versicherungspolizzen und Pensionsvorsorgen – und hinter all diesen steht Kapital, das letztendlich an der Börse angelegt wird. Nur fehlt vielen Menschen das Interesse und die Verantwortung, genau nachzufragen, was eben genau dahintersteckt und natürlich auch wie und wo investiert wird.

Info-Box

Börse

Eine Börse ist ein Handelsplatz, wo einander Käufer und Verkäufer von Wertpapieren gegenüberstehen. Der Preis entsteht auf Basis des Widerspiels von Angebot und Nachfrage. Die Bezeichnung „Börse" kommt angeblich aus Belgien, wo sich Händler vor dem Haus der belgische Familie Van der Beurse zum Tausch von Waren trafen – die Familie führte in ihrem Wappen übrigens eine Geldbörse. Börsen sind aber nicht nur für die Anleger von Bedeutung. Unternehmen können durch den Gang an die Börse frisches Kapital aufbringen und damit Investitionen, Forschung & Entwicklung und Wachstum finanzieren. Zu den bekanntesten Börsen zählen Aktienbörsen wie die New Yorker Börse oder New York Stock Exchange (NYSE). An Börsen werden aber auch Anleihen, Rohstoffe (wie Öl, Orangensaft, Gold oder Schweinebäuche) und andere Finanzinstrumente gehandelt. Es gibt Parkettbörsen und Computerbörsen, wobei die Börsenhändler einander nur auf Parkettbörsen wirklich gegenüberstehen. Während Hollywood-Filme auf Szenen mit Parkettbörsen schwören, sind mittlerweile Computerbörsen deutlich im Vormarsch.

Investoren haben – oder hätten zumindest – genauso einen direkten Draht zum Unternehmen wie Konsumenten. Denken wir an den Verbraucher, der sich um die Herkunft seiner Schokolade und seiner Bananen kümmert und faire Produkte vorzieht, bei denen etwa Kinderarbeit und Regenwaldzerstörung ausgeschlossen sind. Genauso kann auch der Konsument bei Finanzprodukten den ethischen, nachhaltigen oder verantwortungsvollen Hintergrund erfragen.

Nachdem wir den Begriff des Marktes definiert haben, wollen wir uns nun die Akteure und ihr Kalkül etwas genauer ansehen. Börsianer werden oft bloß als Kapitalisten gesehen. Aber unter ihnen gibt es ganz unterschiedliche Charaktere mit verschiedenen Erwartungen, Hoffnungen und Leidenschaften. Prinzipiell sind unter den Börsianern zwei Gattungen zu unterscheiden, die mit Tieren assoziiert werden. Denn an der Börse heißen diejenigen Börsianer, die auf steigende Kurse setzen und auf der Käuferseite zu finden sind, „Bullen" oder „Haussiers". Ihre Gegenüber sind die „Bären" oder „Baissiers".

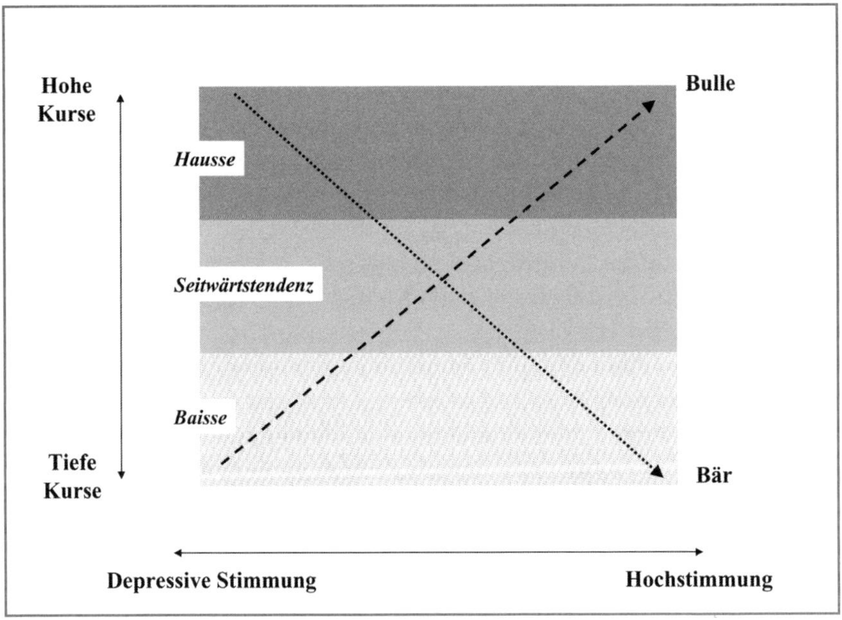

Abbildung: Die Stimmungslagen von Bulle und Bär

Beispiel: Felix Bulle und Ernst Bär

Felix Bulle glaubt an die Börse und die blendenden Aussichten seiner Investments. Er setzt auf den Aufwärtstrend an der Börse und glaubt daran, dass die Aktien attraktiv bewertet sind. Wenn die Börse korrigiert, traut Felix Bulle seinen Augen nicht. „Es kann doch nicht sein, dass Investoren Aktien auf diesen attraktiven Kurslevels abstoßen", denkt er. Seine Laune steigt mit den Kursen, schließlich ist er auch immer voll investiert – das heißt, er hält keine Bargeldreserven.

Ernst Bär sieht das alles ganz anders. Er tendiert dazu, immer Reserven zu halten und agiert regelmäßig sehr vorsichtig. Er traut Kursanstiegen prinzipiell nicht und lebt auf, wenn die Kurse einmal korrigieren. Für Ernst Bär sind die Aktien tendenziell immer zu teuer, und jeder Kursrückgang nährt seine Skepsis.

Agieren Investoren aber wirklich rational? Die Börse, der Markt, an dem Investmentvehikel – oder schöner formuliert: Wertpapiere – wie Aktien und Anleihen gehandelt werden, gilt grundsätzlich als Ort, wo abgebrühte Käufer und Verkäufer aufeinandertreffen und Handel treiben. Allerdings gibt es immer wieder Zeiten, in denen Panik unter den Börsianern ausbricht. Dabei sind vor allem die Kurseinbrüche berühmt, man denke an die Jahre 1929 oder auch 1987, als innerhalb kurzer Zeit riesige Vermögen verloren wurden.

Insgesamt stellt der gesamte Investmentprozess eine interessante Spielwiese für Psychologen dar – die Wahrnehmung einer Chance für ein Investment, die abfolgenden Denkprozesse, Motivationen, Emotionen, soziale Einflüsse und schließlich die endgültige Entscheidung.

Die Crashs an der Börse zeigen es aber ganz deutlich: Die Medien sind prinzipiell unfair der Börse gegenüber. Denn Kursrückgänge machen offenbar bessere Schlagzeilen als Kursanstiege. Damit ist zu erklären, dass die Titelstorys über Crashs diejenigen von Börsenrallyes deutlich übersteigen, obwohl die Kurse seit Beginn der detaillierten Aufzeichnungen im 19. Jahrhundert einen klaren Aufwärtstrend vollführen.

Info-Box

Börsenrallye

Eine Börsenrallye ist eine Bezeichnung für einen dynamischen Anstieg der Aktienkurse. Börsenrallyes können dabei kurz- oder langfristige Zeiträume beschreiben. Manchmal übersteigern sich Börsenrallyes sogar gegen Ende hin. Man bezeichnet das dann als Beschleunigung oder Akzeleration. Spätestens diese Entwicklung sollte den Investor vorsichtig stimmen.

Eine Abbildung der Kursentwicklung der US-Börse über die letzten 80 Jahre zeigt diesen generellen Aufwärtstrend. Sie zeigt auch, dass es Phasen an der Börse gibt, in denen es vorübergehend nichts zu verdienen gibt, wie nach dem Crash 1929, nach dem es 30 Jahre dauerte, bis sich die Kurse erholt hatten. Oder in den 60er- und 70er-Jahren, in denen die Börse eine jahrelange Seitwärtstendenz aufwies.

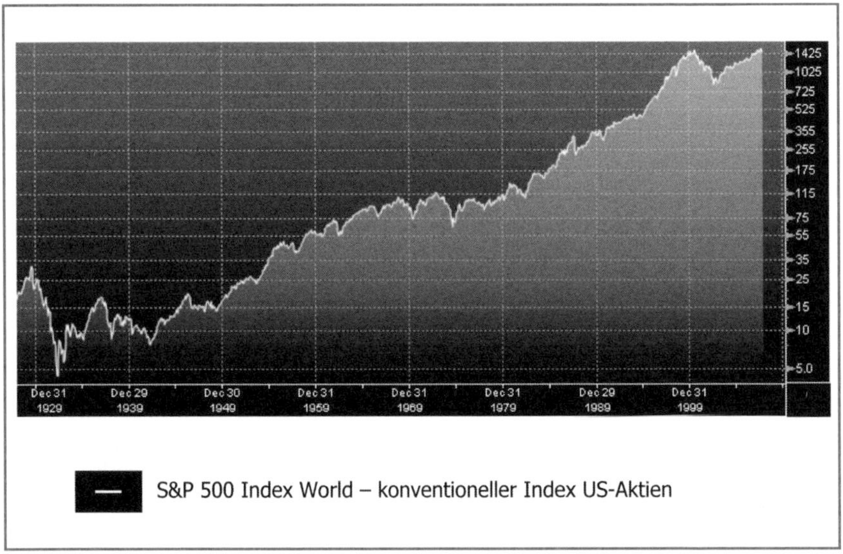

Chart: Langfristige Börsenentwicklung am Beispiel der US-Börse von 1927 bis 2007 (Quelle: Bloomberg)

Es sind also offenbar nicht nur nackte Zahlen, die Börsianer beeindrucken. Die Käufer und Verkäufer von Wertpapieren haben nämlich genauso Nerven wie alle anderen „gewöhnlichen“ Menschen. Und das führt dazu, dass – wie bereits erwähnt – an der Börse jede Menge psychologische Phänomene zu beobachten sind. Diese zu nutzen ist das Ziel der wirklich schlauen Strategen und „Börsengurus“.

Info-Box

Börsenpsychologie

Börsenpsychologen oder Vertreter der „Behavioral Finance" versuchen, das Phänomen „irrationale Börsianer" aus wissenschaftlicher Sicht zu beleuchten. Tatsächlich ist der rationale Marktteilnehmer – der „homo oeconomicus" – sehr selten zu finden. Und diese Irrationalität ist völlig geschlechtsneutral zu sehen, sie ist auch unabhängig von Alter und sozialem Status. Jeder Investor muss sich vor sich selbst in Acht nehmen und an sich selbst „arbeiten". Ein guter Tipp in diesem Zusammenhang ist das Führen eines Börsentagebuches, anhand dessen sich später richtige und falsche Entscheidungen zurückverfolgen und analysieren lassen. Jedenfalls verlieren Börsianer vor allem in Krisenzeiten häufig die Nerven. Von Lässigkeit und Pokerface ist dann keine Rede mehr. Stattdessen sind Phänomene wie Herdentrieb, Panik und geistige Kapitulation zu beobachten.

Verschiedene Typen von Investoren können mit dem Stress und den Kursausschlägen an der Börse unterschiedlich gut umgehen. Anleger, die zu Panik neigen und kein Durchhaltevermögen besitzen, sind regelmäßig unter den Verlierern. Auch das Hören auf Medien und Empfehlungen von selbsternannten Börsengurus erweist sich oft als sehr fragwürdige Vorgehensweise für die eigene Brieftasche.

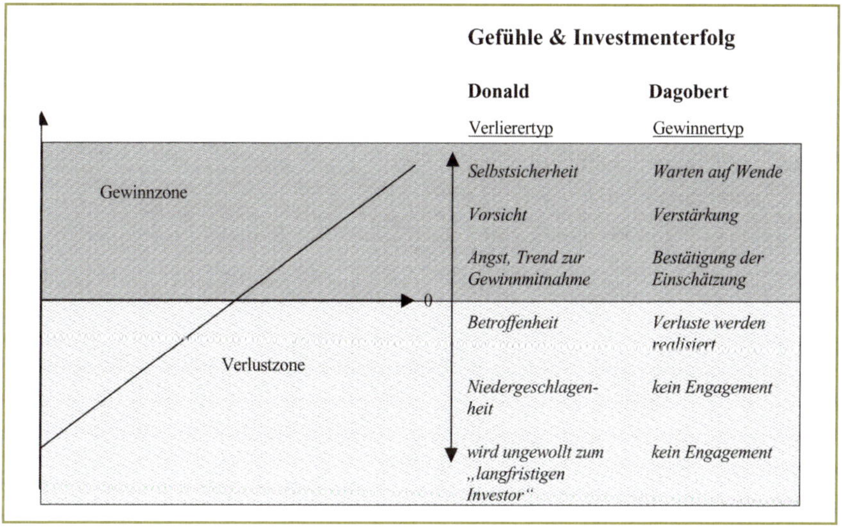

Abbildung: Das Donald-und-Dagobert-Syndrom

Beim abgebildeten Donald-und-Dagobert-Syndrom werden die beiden Typen – der schreckhafte und der hartgesottene Investor – und ihre Gefühle bei steigenden und fallenden Kursen dargestellt. Es zeigt sich, dass der schreckhafte Investor dazu neigt, die Gewinne rasch mitzunehmen und die Verluste laufen zu lassen, was ihn letztendlich Geld kostet. Im Gegensatz dazu lässt der Profi unter den Anlegern die Gewinne laufen und begrenzt auf der anderen Seite die Verluste. Er gesteht sich Fehler in seiner Einschätzung ein und bleibt so in seinen Investments flexibel.

Somit zeigt sich also, dass die Börse immer wieder zu Übertreibungen neigt. Schon kurzfristige Abweichungen in den finanziellen Ausweisen von Unternehmen können zu umfangreichen Kursausschlägen führen. Die Alternative einer nachhaltigen Sichtweise soll in den folgenden Kapiteln dargestellt werden. Nachhaltigkeit im Sinne der Geldanlage zielt nämlich auf eine langfristige Denkweise, die Berücksichtigung von Strategien anstatt von kurzfristigen taktischen Manövern, eine unternehmensinterne Betonung des Themas Ressourcenschonung und die Berücksichtigung auch nicht rein finanzieller – sogenannter extrafinanzieller – Daten ab.

Beispiel: Kurzfristiges Denken versus Nachhaltigkeit
Nachhaltige Investoren sind nicht nur an Quartalsergebnissen von Unternehmen interessiert, sondern versuchen, die langfristige Strategie von Firmen zu bewerten. Hier geht es beispielsweise um Produkt-, Markt- und Wettbewerbsstrategien. Kurzfristige Kursausschläge sind unvermeidbar, werden aber von nachhaltigen Investoren in der Regel nicht überbetont. Das führt dazu, dass nachhaltige Investoren Aktien im Schnitt deutlich länger halten als konventionelle Anleger. Das wiederum bedeutet das Vermeiden von Kosten, die sich aus dem andauernden Kaufen und Verkaufen von Wertpapieren ergeben.

Große Unternehmen und viele kleine Anteile – Aktien

Eine der häufigsten und bekanntesten Anlageformen sind Aktien. Aktien werden oft als riskante Anlageform bezeichnet. Ist dieses Vorurteil aber wirklich korrekt? Was in Wahrheit hinter einer Aktie steckt, ist ein Anteil an einem Unternehmen. Aktionäre sind Anteilseigner, wenngleich – spaßhaft gesagt – immer wieder schwierig zu sagen ist, um welchen Teil des Unternehmens es sich genau handelt. Aber ein Aktionär einer Supermarktkette kann sich in einer Filiale seines Unternehmens wohl so recht zuhause fühlen.

Aber zurück zur Aktiengesellschaft: Firmen, die viel Geld benötigen, versuchen oft eine breite Anlegerschaft für das Unternehmen zu gewinnen, die bereit ist, Geld durch Beteiligungen am Unternehmen bereitzustellen und ins Unternehmen „einzuzahlen". Im Gegensatz zu Personengesellschaften – wie Einzelunternehmer oder Kommanditgesellschaften – sind Aktiengesellschaften also in der Regel im Umfang deutlich größer und ihre Haftung ist auf das Unternehmensvermögen beschränkt.

Die ersten Aktien wurden übrigens 1602 begeben, als sich einige Handelsgesellschaften in Holland und Belgien zur Verenigde Ostindische Compagnie zusammenschlossen. Der Siegeszug der Unternehmensform der AG (Aktiengesellschaft) begann im 19. Jahrhundert, als während und nach der industriellen Revolution große Infrastrukturvorhaben wie der Eisenbahnbau finanziert werden mussten.

Heute ist ein Großteil der wichtigsten Unternehmen der westlichen Welt börsennotiert, was die Bedeutung des Wirtschaftsfaktors Börse an sich deutlich erhöht. Seit den 1980er Jahren wurden durch die Privatisierung von ehemaligen Staatsbetrieben in Europa auch viele Volksaktien geschaffen, in denen sich eine große Anzahl von Privat- und Kleinanlegern als neue Aktionäre beteiligten. Bei den Privatisierungen gibt es eine Vielzahl von erfolgreichen Beispielen, aber leider auch einige weniger erfreuliche Entwicklungen.

Beispiel: Volksaktien

Der Hintergrund der Volksaktienbewegung der letzten Jahrzehnte war und ist der Rückzug des Staates aus der Wirtschaft. In vielen Teilen Europas waren Grundstoffindustrien und strategisch wichtige Industrien – wie Stromversorger oder Telekommunikation – bis in die 1980er Jahre verstaatlicht, meist aufgrund der Entwicklungen während und nach dem Zweiten Weltkrieg. Die Entstaatlichungen oder Privatisierungen liefen dann meist so ab, dass der Staat zunächst eine Beteiligung von bis zu 49 Prozent am Unternehmen an Investoren im In- und Ausland abgab. Möglichst viel davon sollten Kleininvestoren im Inland kaufen, weil sie eher als Langfristinvestoren gelten und die Anteile im eigenen Land halten. Eine gewisse Angst vor strategischem Einfluss aus dem Ausland oder gar Übernahmen der privatisierten Unternehmen durch ausländische Konzerne war dabei immer gegeben. Daher wurde meist nur weniger als die Hälfte der Aktien verkauft und die Werbetrommel beim Volk – also im Inland – kräftig gerührt.

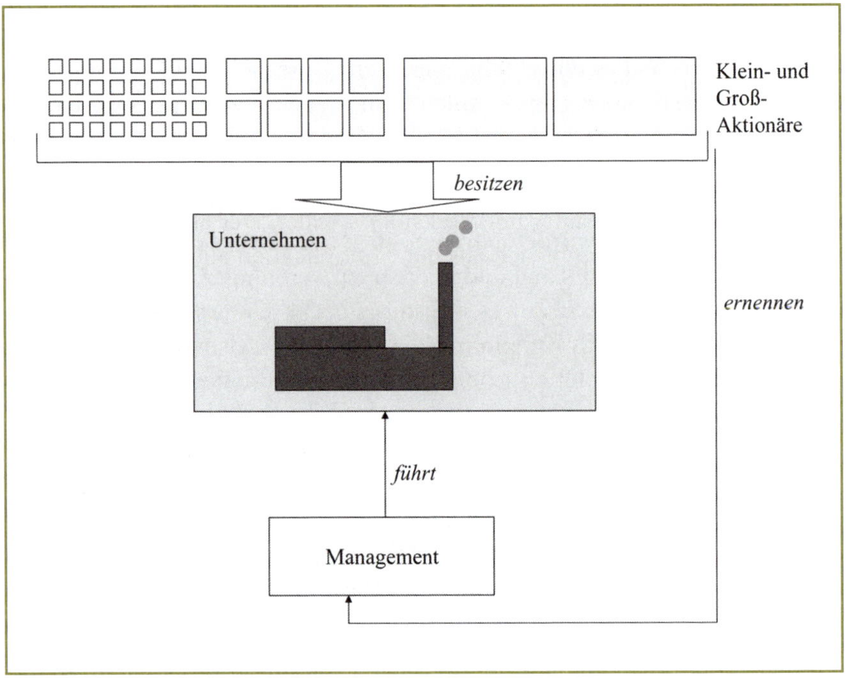

Abbildung: Unternehmen und Aktionäre

Klein- und Großaktionäre besitzen also das Unternehmen. Sie ernennen das Management des Unternehmens und dessen Aufsichtsgremium. Das Management führt das Unternehmen und ist gegenüber den Aktionären verantwortlich. So gesehen gibt es also drei wesentliche Parteien im Unternehmen, die etwas zu sagen haben: die Aktionäre, das Management und das Aufsichtsgremium.

Der Aktionär selbst ist oft zugleich auch Börsianer, weil viele Unternehmen mit ihren Aktien an Börsen, sprich Aktienmärkten, notiert werden. Große Unternehmen sind manchmal auch an mehr als einer Börse notiert. Weil Aktien laufend gehandelt werden, ergibt sich eine laufend aktualisierte Bewertung des Unternehmens.

Info-Box

Börsennotiz

Aktiengesellschaften stehen im Besitz ihrer Aktionäre. Eine Börsennotiz der Aktien eines Unternehmens macht dann Sinn, wenn es umfangreiche Mittel benötigt und diese durch eine breite Aktionärsstruktur zur Verfügung gestellt werden sollen. Börsengänge von Unternehmen sind in der Regel mit der Finanzierung von Wachstumsschritten oder dem Ausstieg von Altaktionären verbunden.

Die Bewertung der Aktien an der Börse spiegelt die gegenwärtige Einschätzung des Unternehmens durch den Markt – das heißt alle an der Börse tätigen potentiellen Käufer und Verkäufer – wider. Der aktuelle Marktwert des Unternehmens ergibt sich aus der Multiplikation aller Aktien mit dem aktuellen Aktienkurs.

Beispiel: Die Launen der Börse
Nicht immer funktionieren die Marktkräfte an der Börse. Das heißt, dass es vorkommen kann, dass Unternehmen entweder deutlich zu billig oder zu teuer bewertet sind. In diesem Fall irrt der Markt und seine Einschätzung des Wertes des Unternehmens ist falsch. Gründe für solche Fehlbewertungen können etwa Überschätzungen von Potentialen einzelner Sektoren sein – wie im Falle der Spekulationsblase bei Internetaktien zum Jahrtausendwechsel.

Besitzer von Aktien können auf zwei Arten von ihrem Investment profitieren. Einerseits ist da die Kursentwicklung der Aktie, andererseits die Dividende. Ist die Kursentwicklung positiv, so macht der Anleger sogenannte Kursgewinne. Diese ergeben sich frei nach dem Prinzip „buy low and sell high" – also Kaufen auf günstigen Kursniveaus und Verkaufen auf hohen Kurslevels. Eine spezielle Art von Kursgewinnen können Anleger erzielen, wenn sie Aktien bei Börsengängen zeichnen.

Beispiel: Börsengänge
Börsengänge, also die Erstnotiz von Unternehmen an der Börse, sind oft spektakulär. Und das in mehrerlei Hinsicht: Zunächst sind die Werbemaßnahmen sehr auffällig und auch prominente Persönlichkeiten lassen sich immer wieder dazu hinreißen, die Werbetrommel fleißig zu rühren. Spektakulär sind oft aber auch die Kursbewegungen gleich nach dem Start der

Kursnotiz. Je nach Preis der Aktie und Börsenumfeld sind deutlich positive oder negative Entwicklungen möglich. Ein heißer Tipp für den Investor ist, dass aus langfristiger Sicht immer diejenigen Börsengänge die interessantesten sind, die in einem schwachen Börsenumfeld stattfinden.

Aktionäre profitieren aber nicht nur von Kursgewinnen. Denn viele Unternehmen zahlen auch eine Dividende (oder im Fachjargon: „schütten diese aus"). Diese Dividendenzahlung an die Aktionäre ist aber leider in den meisten Ländern nicht steuerfrei, wie übrigens auch – zumindest kurzfristige – Kursgewinne. Außerdem wird die Ausschüttung vom Börsenkurs abgeschlagen, das heißt, der Kurs notiert am Tag der Auszahlung ex Dividende. Will der Investor also seinen Gesamtertrag aus der Aktienanlage ermitteln, so muss er die Dividende und die Kursgewinne zusammenzählen.

Info-Box

Dividende

Die Dividende ist der Teil des ausgewiesenen Gewinnes eines Unternehmens, der an die Aktionäre ausbezahlt wird. Verdient ein Unternehmen fünf Euro pro Aktie und bezahlt es zwei Euro Dividende, so ist die Ausschüttungsquote bei 40 Prozent gelegen. 60 Prozent des Gewinnes verbleiben dann im Unternehmen, wo sie etwa für die Finanzierung von Expansionsplänen verwendet werden können. Unternehmen mit hohem Wachstum schütten daher meist geringere Dividenden aus als der Durchschnitt.

Kurse und Bewertungen an der Börse bewegen sich laufend. Der Hintergrund ist der, dass der Aktienkurs die zukünftige Entwicklung des Unternehmens abbilden sollte. Was dabei beobachtet wird, ist vor allem die Veränderung der sogenannten fundamentalen Daten. Zu ihnen zählen etwa der Gewinn des Unternehmens, der Umsatz und so weiter. Es geht an der Börse aber nie um die Vergangenheit, denn im Wesentlichen erfolgt eine Bewertung der Erwartungen für das Unternehmen in der Zukunft. So gesehen ist der Wert eines Unternehmens bestimmt durch künftig erwartete Gewinne des Unternehmens. Man sagt auch, dass *„an der Börse keine Wertpapiere, sondern Meinungen gehandelt werden"*.

Info-Box

Fundamentaldaten

Fundamentaldaten sind die Zahlen zum Unternehmen, die greifbar sind. Es sind also die finanziellen Informationen, die damit gemeint sind. Schließlich begründet die finanzielle Basis das Fundament der Aktie. Wie später noch dargestellt werden soll, gibt es aber auch sogenannte extrafinanzielle Daten, die in der nachhaltigen Geldanlage eine sehr große Rolle spielen. Dazu mehr in den folgenden Kapiteln.

Die Entwicklung der künftigen Gewinne ist jedoch nicht immer gut einschätzbar. Besteht nun große Unsicherheit über die künftige Entwicklung, dann steigen auch die kurzfristigen Ausschläge – die sogenannte Volatilität – in den Aktienkursen. Börsianer mögen prinzipiell keine Fragezeichen hinter der Entwicklung ihrer Aktien.

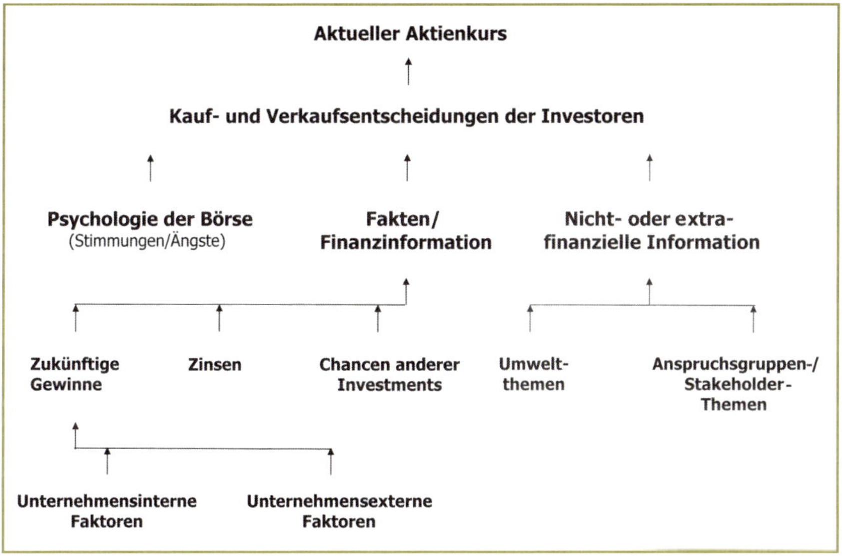

Abbildung: Einflussfaktoren für die Kursentwicklung

So basiert der Aktienkurs auf den Kauf- und Verkaufsentscheidungen der Investoren. Es gibt immer gleich viele Käufer wie Verkäufer. Die Aussage, die Börse *„sei gefallen, weil es mehr Verkäufer als Käufer gab“*, ist ein völliger Unsinn. Denn Kaufvolumen und Verkaufsvolumen sind immer identisch. Richtiger wäre es daher, im Fall von Kursrückgängen zu sagen, *„dass die Anzahl der Verkaufswilligen höher war als die der Kaufwilligen"*. Es gibt also drei Gruppen von Einflussfaktoren für Aktienkurse und deren Performance: die Psychologie der Börse, Finanzinformationen und extrafinanzielle Informationen.

Info-Box

Performance

Der Begriff der Performance bedeutet im Zusammenhang mit Investments Wertentwicklung. Gute Performance bedeutet positive, schlechte Performance eine negative Wertentwicklung. Die Begriffe Outperformance und Underperformance beziehen sich auf den Vergleich zu anderen Investments und Vergleichsmaßstäben.

Stimmungen und Ängste sind wie beschrieben wichtige, aber schwer zu beherrschende Einflussfaktoren. Da ergeben sich bei Fakten und Finanzinformationen schon bessere Möglichkeiten für den Börsianer. Wesentliche Faktoren für die Bestimmung des fairen Wertes eines Unternehmens sind sein Wachstum, seine Marktstellung und sein Management. Die meisten anderen unternehmensrelevanten Faktoren lassen sich auf diese drei Themen zurückführen.

Neben der Unternehmensentwicklung und den zukünftigen Gewinnen der Unternehmen sind die Zinsen ein wesentlicher Faktor für die Entwicklung der Aktienbörsen. Hohe Zinsen bedeuten, dass Aktieninvestments dreifach weniger interessant werden. Erstens sind künftige Gewinne weniger wert, weil sie höher abgezinst werden. Zweitens ist das „Konkurrenzprodukt" der Aktie, die Anleihe, plötzlich attraktiver. Und drittens müssen Unternehmen für ihre Schulden höhere Zinsen zahlen, was auf den Gewinn drückt.

Nichtfinanzielle oder extrafinanzielle Informationen können oft nicht in Zahlen gefasst werden, wie etwa im Fall der Analyse von Beziehungen des Unternehmens zu seinen Mitarbeitern. Es besteht aber die Möglichkeit, Daten auf Umwegen zu bekommen. Zum Beispiel könnte man die Häufigkeit von Krankenständen oder die Fluktuation der Mitarbeiter als Basis für eine Analyse verwenden. Extra finanzielle Informationen scheinen in den klassischen Veröffentlichungen wie Geschäftsbericht oder Quartalsbericht in der Regel nicht auf. Die herkömmliche Analyse durch Investoren basiert aber auf Fundamentaldaten, also auf Hard Facts in den vorher genannten, gesetzlich vorgeschriebenen Veröffentlichungen.

Aus nachhaltiger Sicht interessante und wesentliche Themen sind daher zumindest zum Teil den Soft Facts zuzuordnen. Der nachhaltig orientierte Investor berücksichtigt sowohl herkömmliche, sprich finanzielle, Informationen, als auch zusätzlich noch Daten zur Umwelt und soziale Faktoren. Details zu diesen Faktoren werden in Kapitel 3 besprochen.

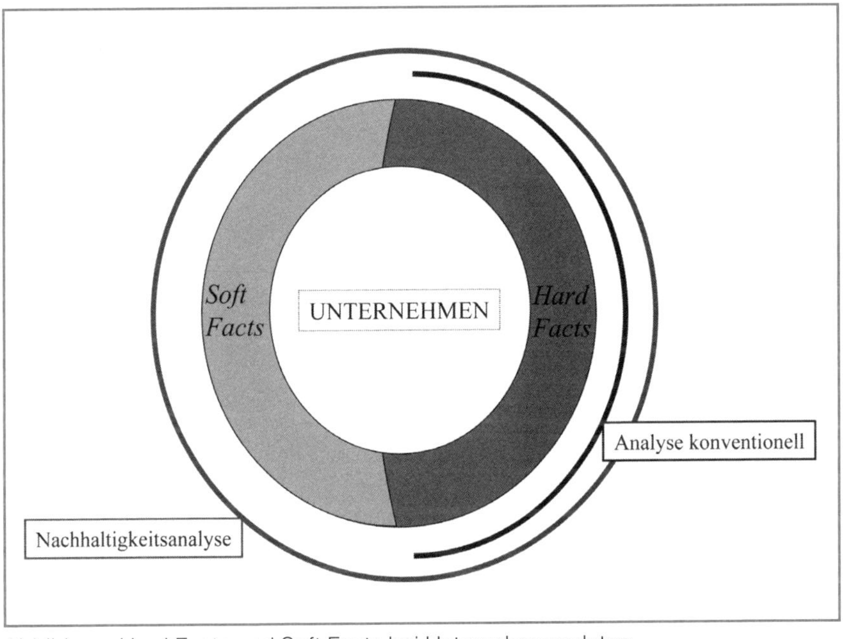

Abbildung: Hard Facts und Soft Facts bei Unternehmensdaten

In der Folge ein Beispiel für Kursbewegungen einer Aktie und deren Hintergründe. Das ausgewählte Beispiel ist die Solarworld AG. Solarworld ist eine der klassischen Umweltaktien, die in den letzten Jahren für Furore sorgten. Das Unternehmen bietet eine breite Palette von Produkten im Bereich Solarenergie an und ist in der ganzen Wertschöpfungskette – vom Rohstoff bis zum fertigen Produkt – tätig. Das Unternehmen ist in Bonn beheimatet und einer der größten Anbieter weltweit überhaupt.

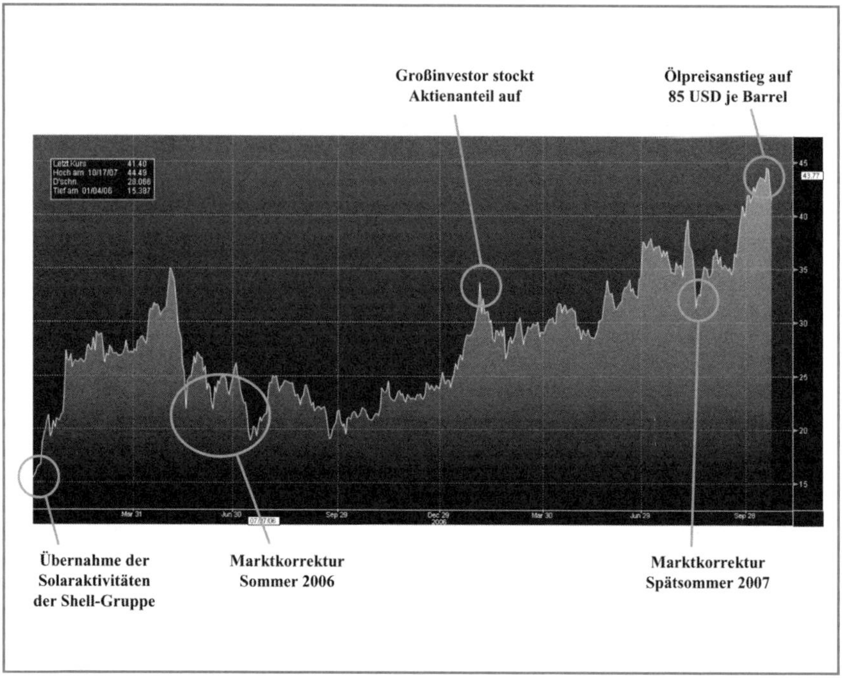

Chart: Aktienkurs Solarworld (Aktienkurs Jänner 2005 bis Ende 2007) (Quelle: Bloomberg)

Wie am Beispiel der Solarworld leicht erklärt, werden Aktienkurse von Entwicklungen beeinflusst, die entweder das Umfeld des Unternehmens oder das Unternehmen selbst betreffen. Ein Umfeldfaktor ist beispielsweise das Wirtschaftswachstum allgemein, das die Nachfrage beeinflusst. Im Fall der Solarworld fiel der Aktienkurs zweimal im Zeitraum zwischen 2005 und 2007 wegen einer allgemeinen Korrektur der Aktienmärkte. Auf der positiven Seite waren eine interessante Übernahme eines Konkurrenten und der Anstieg des Ölpreises Gründe für Kursanstiege. Eine Veränderung in der Aktionärsstruktur führte im Frühjahr 2007 nur zu kurzfristigen Kursausschlägen.

Generell nehmen die Aktienmärkte die Entwicklungen immer vorweg. Sie sind sogenannte Frühindikatoren. Fallende Aktienkurse sind somit oft ein Vorbote einer wirtschaftlichen Abschwächung. Andererseits steigen Aktienkurse bereits während einer wirtschaftlichen Rezession. Sie nehmen die erwartete Aufwärtsbewegung in der Konjunktur vorweg.

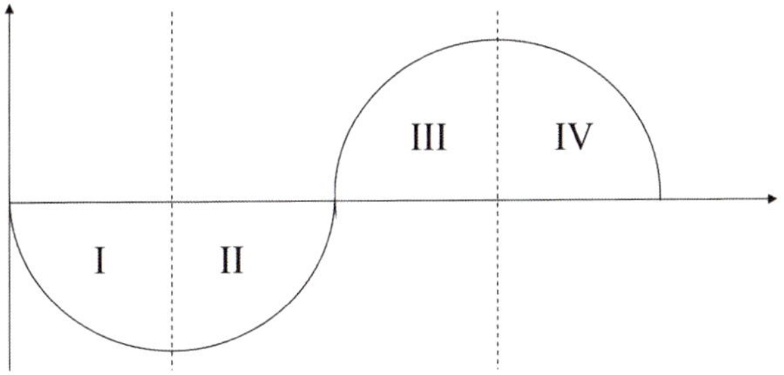

Phase	Konjunktur	Aktienmarkt	Unternehmens-gewinne	Anlegerstimmung
I	Rückläufiges Wachstum	↘	↘	Untergangs-stimmung, Crashpropheten
II	Rezession/ Depression	↑	↓	Aufkeimende Hoffnung
III	Aufschwung	↗	↗	Euphorie, überschwengliche Kursziele
IV	Boom	↓	↑	Erste Unsicherheiten, Zweifel

Abbildung: Konjunkturzyklen und Aktienmärkte

Eine Analyse der Konjunkturzyklen zeigt auch, dass Unternehmen innerhalb einer Branche meist gewisse Besonderheiten gemeinsam haben. Entwicklungen im Umfeld der speziellen Branche sind von Interesse. Kommen wir zurück zum oben dargestellten Beispiel Solarworld. Steigen Energiepreise oder Ölpreise, so wirkt sich das für die Absatzmöglichkeiten des Unternehmens positiv aus, die Energieerzeugung aus Sonnenenergie wird noch konkurrenzfähiger. Dies war beispielsweise im Oktober 2006 der Fall.

Auf der anderen Seite gibt es auch Faktoren, die das Unternehmen alleine betreffen. Dazu gehören etwa neue Produktentwicklungen im Betrieb, der Erwerb anderer Unternehmen oder ein Wechsel in der Führungsebene. Derartige Faktoren sind von der Entwicklung der Gesamtwirtschaft und der jeweiligen Branchen kaum betroffen.

Börsianer können sich ihre eigene Einschätzung zu Unternehmen bilden. Zusätzlich werden Aktien aber auch laufend von Finanzspezialisten, sogenannten Analysten, auf Herz und Nieren geprüft. Diese Analysten –

auch Fundamentalanalysten genannt – konzentrieren sich auf unterschiedliche Aspekte des Unternehmens. Zum einen nehmen sie die fundamentale Basis des Unternehmens unter die Lupe – wie Umsätze, Cashflows, Gewinne und Dividenden. Zum anderen errechnen sie auch Kennzahlen, um die relative Attraktivität von Unternehmen besser einschätzen zu können. Die bekannteste Kennzahl ist dabei das KGV – Kurs/Gewinn-Verhältnis – das angibt, wie oft der aktuelle Börsenkurs den anteiligen Gewinn je Aktie übersteigt.

Info-Box

Bekannte Börsenkennzahlen

Gewinn je Aktie
= der den Aktionären zurechenbare Gesamtgewinn/Anzahl der Aktien des Unternehmens

Kurs/Gewinn-Verhältnis (KGV)
= aktueller Börsenkurs/Gewinn je Aktie

Dividendenrendite
= (Dividende je Aktie/aktueller Börsenkurs) x 100 Prozent

Buchwert je Aktie
= das Eigenkapital des Unternehmens/Anzahl der Aktien des Unternehmens

Neben den Fundamentalanalysten gibt es auch noch eine zweite Analystenschule. Es sind dies die Markttechniker oder technischen Analysten. Diese Gruppe von Marktbeobachtern betrachtet das Bild der vergangenen Kursentwicklung von Aktien, den Chart, und versucht, über Trends und Kursmuster Aussagen über die Attraktivität der Aktien zu machen. Die technische Aktienanalyse hat eine überwiegend psychologische Basis.

Beispiel: Analyse/Report eines Fundamentalanalysten

Fundamentalanalysten versuchen, ein Unternehmen zu bewerten und einen gerechtfertigten Kurs zu ermitteln, indem sie die Entwicklung des Unternehmens über die nächsten Jahre hochrechnen. Einflussfaktoren bei den Berechnungen sind konjunkturelle Entwicklungen, Chancen im jeweiligen Wirtschaftssektor und Aussichten für die Produkte und Dienstleistungen des Unternehmens. Am Ende errechnet der Analyst einen Zielkurs für die Aktie. Je nachdem, ob der aktuelle Kurs über oder unter dem Zielkurs liegt, vergibt der Analyst Empfehlungen wie „Kaufen", „Neutral" oder „Verkaufen".

US-Starinvestor Warren Buffet meint zur fundamental ausgerichteten Geldanlage, dass *„der erfolgreiche Investor sehr viel Geduld haben muss, denn er kauft schließlich weit unter dem fairen Wert und verkauft weit über dem fairen Wert"*. Fundamentalanalysen können hierzu wertvolle Inputs liefern. Der Investor kann auch aus Fachzeitschriften und aus der Tageszeitung Informationen über Aktien erhalten. Dazu ein Beispiel.

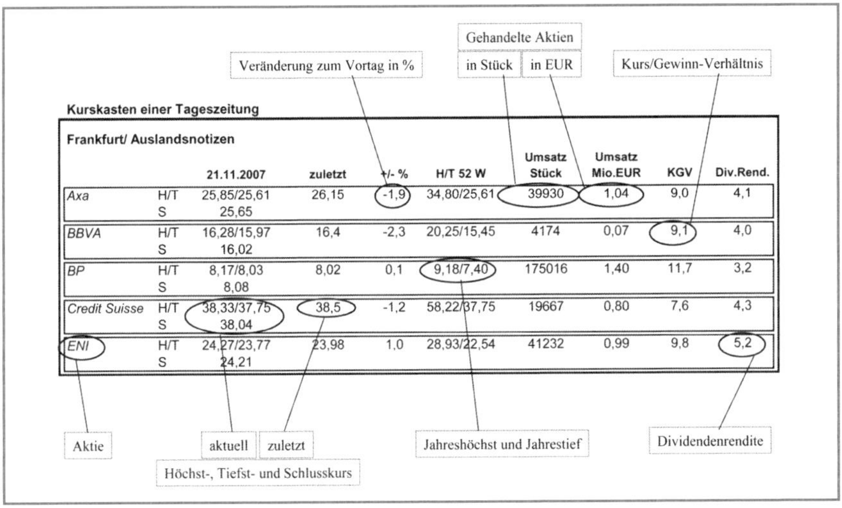

Kurskasten einer Tageszeitung

Frankfurt/ Auslandsnotizen

		21.11.2007	zuletzt	+/- %	H/T 52 W	Umsatz Stück	Umsatz Mio.EUR	KGV	Div.Rend.
Axa	H/T	25,85/25,61	26,15	-1,9	34,80/25,61	39930	1,04	9,0	4,1
	S	25,65							
BBVA	H/T	16,28/15,97	16,4	-2,3	20,25/15,45	4174	0,07	9,1	4,0
	S	16,02							
BP	H/T	8,17/8,03	8,02	0,1	9,18/7,40	175016	1,40	11,7	3,2
	S	8,08							
Credit Suisse	H/T	38,33/37,75	38,5	-1,2	58,22/37,75	19667	0,80	7,6	4,3
	S	38,04							
ENI	H/T	24,27/23,77	23,98	1,0	28,93/22,54	41232	0,99	9,8	5,2
	S	24,21							

Abbildung: Informationen zu Aktien aus der Wirtschaftspresse

Wie bereits erwähnt, weisen Aktien eine überdurchschnittliche Volatilität auf. Sie schwanken also stärker als andere Investmentarten. Diese Schwankung wird als Risiko interpretiert. Langfristig sind die Ertragschancen bei Aktien zwar sehr gut, bei unglücklichen Ein- und Ausstiegszeitpunkten kann man aber theoretisch gerade in der Hausse bei hohen Kursen kaufen und gerade in der Baisse bei tiefen Kursen verkaufen. Diese Schwankungsintensität ist nicht bei allen Aktien gleich stark ausgeprägt. Die Aktien kleiner Unternehmen schwanken im Durchschnitt mehr als die großer Unternehmen, sogenannter Blue Chips.

Info-Box

Volatilität

Je stärker ein Investment in seinem Wert schwankt, desto höher ist das damit verbundene Risiko. Aktienkurse schwanken in der Regel mehr als etwa Anleihenkurse. Am sichersten sind Geldmarktanlagen. Höheres Risiko bedeutet aber auch, dass eine Investition mehr abwerfen muss, um diesen Nachteil zu kompensieren. In diesem Zusammenhang spricht man vom Prinzip einer Risikoprämie. Die durchschnittliche Risikoprämie von Aktien gegenüber Staatsanleihen liegt bei rund drei Prozentpunkten. Das bedeutet, dass Aktien aus langfristiger Sicht um drei Prozent mehr Ertrag bringen sollten als Anleihen – quasi als Entschädigung für die höheren Schwankungen.

Der amerikanische Schriftsteller Mark Twain äußerte sich einmal zum Thema Aktieninvestments und Risiko in etwa wie folgt: „*An der Börse gibt es ein paar ganz gefährliche Monate, es sind dies September und Oktober – und dann sind da noch Januar, Februar, März, April, Mai, Juni, Juli, August, November und Dezember.*“

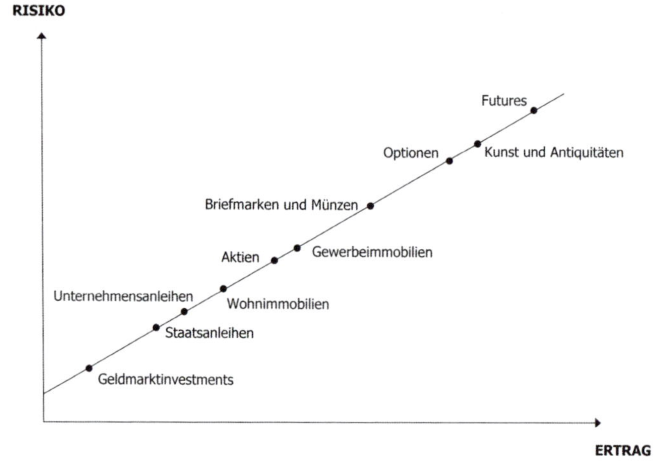

Abbildung: Risiko und Ertrag

Von den gängigen Investmentarten weisen Geldmarktinvestments die geringsten Schwankungen, also das geringste Risiko, auf. Anleihen folgen, wobei Staatsanleihen von der Volatilität her sicherer sind als Unternehmensanleihen. Danach folgen Immobilien, wobei Gewerbeimmobilien wegen dem damit verbundenen konjunkturellen Risiko deutlich über Wohnimmobilien und auch höher als Aktien liegen. Höhere Erträge bei höherem Risiko als Aktien weisen Sammlergegenstände wie Briefmarken, Münzen, Kunst und Antiquitäten auf. Optionen und Futures befinden sich ebenfalls am oberen Ende der Skala.

Beispiel: Arturo Kunstmann und Harald Hausinger

Die beiden durchaus vermögenden Vierziger Arturo Kunstmann und Harald Hausinger haben, neben klassischen Geldanlagen, auch Investments in ihren speziellen Interessensgebieten. Arturo Kunstmann sammelt zeitgenössische Kunst, während Harald Hausinger immer wieder am Immobilienmarkt zuschlägt und sich bereits ein kleines Portfolio an Wohnungen und Grundstücken aufgebaut hat. Das Kunstsammeln ist ein unsicheres Geschäft. Ob Künstler letztendlich wirklich berühmt werden und ihre Bilder wirklich deutlich im Wert steigen, ist oft mit hohen Unsicherheiten verbunden. Dennoch ist langfristig meist zumindest der eine oder andere Künstler dabei, der wirklich „einschlägt“. Arturos Vater, der sich demselben Hobby wie sein Sohn verschrieben hat, hat dies über die letzten fünfzig Jahre immer wieder erkennen können. Die langfristige Rendite ist also hoch, die Schwankungen aber intensiv. Anders verhält es sich mit den Immobilien von Harald Hausinger. Hier ist die Wertentwicklung eher moderat, wenngleich deutlich positiv. Harald versucht natürlich immer wieder ein Schnäppchen zu erwischen, diese sind in einem wenig schwankungsintensiven Markt aber eher schwer zu finden.

Wie wählt der Investor nun Aktien im Detail aus? Die Einzelauswahl von Aktien – im Englischen auch als Stockpicking bezeichnet, kann auf verschiedene Arten erfolgen. Häufig konzentriert man sich – wie bereits angedeutet – auf unternehmensspezifische Faktoren wie Wachstum von Umsatz und Ertrag, Marktposition oder Qualität des Managements. Auch die Bilanz des Unternehmens mit dem Verschuldungsgrad und dem zugrunde liegenden Eigenkapital ist ein wesentlicher Ansatzpunkt für Research zum Unternehmen. Qualitätsfaktoren können aber auch extrafinanzielle Themen umfassen, die Umwelt und Soziales betreffen und damit in Richtung einer nachhaltigen Betrachtung gehen.

Info-Box

Research

Unter Research ist nichts anderes als Analyse oder Analysearbeiten zu verstehen. Die großen Investmentbanken dieser Welt verfügen über große Research- oder Analyseabteilungen, die Aktienresearch, aber auch Research etwa zur Volkswirtschaft, zu Zinsen, Währungen, Immobilien und anderen investmentrelevanten Themen betreiben. Research wird von Analysten betrieben, und zwar vor allem von Fundamentalanalysten.

Wichtig beim Instrument der Aktie ist, dass der Investor beteiligt ist. Er sucht sich ein Unternehmen aus, das ihm interessant erscheint, und beschließt, diesem – oder besser gesagt dem Management des Unternehmens – sein Geld anzuvertrauen. Erfolgt dieses Investment aus langfristiger Sicht, so ist der oft vernommene Vorwurf der Spekulation wohl keinesfalls zutreffend.

Der Investor ist an der Aktiengesellschaft aber nicht nur beteiligt, es existiert auch so etwas wie Aktionärsdemokratie. Der Besitzer einer Aktie hat nämlich das Recht, bei der jährlich stattfindenden Aktionärsversammlung des Unternehmens einerseits Auskünfte einzufordern und andererseits bei den wesentlichen Beschlüssen mitzustimmen.

Beispiel: Der engagierte Aktionär Friedrich Fragerich

Friedrich Fragerich ist mittlerweile Pensionist und hat genug Zeit, sich im Detail um seine Investments zu kümmern. Er investiert auch in Aktien, und zwar meist langfristig. Eines „seiner Unternehmen“ stellt Autos her – sehr gute Autos aus Sicht von Friedrich F. Er selbst fährt auch ein Auto dieser Marke. In den letzten Jahren stört Friedrich F. allerdings, dass der Vorstandsvorsitzende des Unternehmens immer wieder Maßnahmen trifft, die sich dann letztendlich als große Fehler herausstellen. Da waren zum Beispiel mehrere Beteiligungen in Übersee, die sich am Ende als Fiasko erwiesen. Daher beschließt Friedrich F. schon im Vorfeld der Hauptversammlung, Anträge zur internationalen Expansion einzubringen. In der Hauptversammlung selbst stellt er dann bei der Generaldebatte noch weitere kritische Fragen.

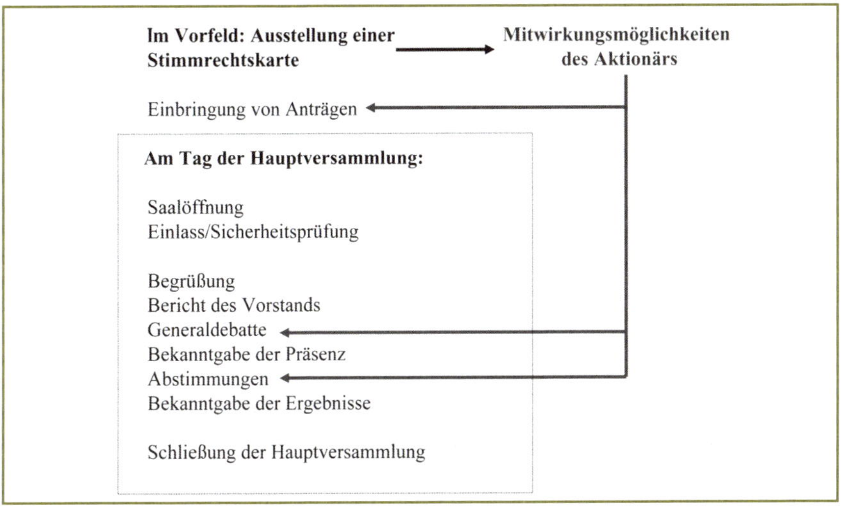

Abbildung: Ablauf einer Hauptversammlung und Aktionärsdemokratie

Bei Aktieninvestments geht es aber nicht nur um die absolute Wertentwicklung oder Performance, sondern auch um das relative Abschneiden gegenüber anderen Aktien oder Anlageformen. Gute Entscheidungen bedeuten in diesem Zusammenhang, in Abwärts- und Aufwärtsphasen mehr Geld lukrieren zu können, als der Investor im Schnitt verdient.

Info-Box

(Aktien-)Indizes

Indizes zeigen unter anderem die Entwicklung von Aktienmärkten und auch anderen Investments an. Sie umfassen die wesentlichsten Investments der abzubildenden Gruppe – das können die größten Unternehmen sein oder auch diejenigen, die für eine Kategorie am typischsten sind. Berühmte Indizes sind etwa der Dow Jones Industrial Average an der US-Börse (Wall Street), der die 30 bedeutendsten amerikanischen Unternehmen umfasst. Länderindizes im deutschsprachigen Raum sind der DAX (Frankfurt), der SMI (Zürich) und der ATX (Wien). Andere Indizes umfassen auch weltweite Aktienmärkte, Branchen, wie Banken, Stahl, Bau, oder speziell nachhaltig ausgerichtete Unternehmen.

Um die Entwicklung von Aktien gesamthaft besser einschätzen zu können, werden daher sogenannte Indizes berechnet. Aktienindizes basieren auf Zusammenstellungen oder Baskets von einer Vielzahl von Unternehmen. Sie werden oft auch als Vergleichsmesslatte – oder Benchmark – für Investments herangezogen. Somit erkennt der Investor, ob sich seine Geldanlage besser oder schlechter als der Gesamtmarkt entwickelt hat.

Die Welt der Aktien ist geprägt von einem andauernden Auf und Ab, aber auch von oft beschönigenden Beschreibungen. Geht es wirklich bergab an den Börsen, so wird das von den Marktteilnehmern oft recht „nett" umschrieben. Schließlich soll ja niemand wirklich verunsichert werden. Auch in den Medien findet man oft verschieden ausgeprägten Euphemismus. Die nächste – natürlich schon satirisch zu verstehende – Abbildung gibt ein paar Beispiele zu.

Beschönigte Beschreibung	Was wirklich passiert
… zur Kursentwicklung	
Seitwärtstendenz	Die Kurse steigen nicht mehr, die Investoren beginnen langsam, sich Sorgen zu machen.
Konsolidierung	Die Aktien fallen und keiner weiß warum.
Notwendige Korrektur	Die Bullen wurden auf dem falschen Fuß erwischt, Panik breitet sich aus.
Bodenbildung im Abwärtstrend	Die Aktien sind so weit gefallen, dass die Börsianer resigniert haben oder in Privatkonkurs sind – daher kommen die Verkäufe zum Stillstand.
Hohe Volatilität	Die Aktien steigen und fallen wie verrückt, keiner kennt sich mehr aus, die Irrationalität nimmt zu.
Unsicherheit an den Börsen	Es herrscht Panik pur.
… zu den Aktienempfehlungen	
Starker Kauf	Kaufen Sie!
Kauf	Es gibt noch ein paar Prozente zu holen, Sie sind spät dran!
Halten	Steigen Sie lieber nicht ein!
Verkaufen	Vergessen Sie es einfach!

Abbildung: Euphemismus im Börsenlatein

Die weite Welt der Anlagealternativen – Anleihen und andere Vehikel

Das Anlageinstrument, das meist als Anleihe bezeichnet wird, hat viele Namen. Unter anderem zählen Schuldverschreibung, Bond oder festverzinsliches Wertpapier dazu. Die Schweizer wiederum schwören auf den Begriff Obligation. Wesentlich ist, dass Anleihen im Gegensatz zu Aktien keinen Anteil am Unternehmen repräsentieren, sondern den Investor als Gläubiger des Unternehmens ausweisen. Es handelt sich also um ein sogenanntes Forderungswertpapier, bei dem genau festgelegt ist, wie die Verzinsung, die Laufzeit und Rückzahlungsverpflichtungen aussehen. Anleihen werden in der Regel von Großschuldnern wie der öffentlichen Hand (Bund, Länder, Gemeinden), Unternehmen und Banken aufgenommen.

Damit ergibt sich zum Aktieninvestment eine Reihe von Unterschieden. Anleihen laufen nach einer gewissen Zeit ab, das heißt, der aufgenommene Betrag (Nominale) wird zurückbezahlt. Auch was das Risiko betrifft, bestehen zur Aktie deutliche Unterschiede. Bei der Bewertung der Anleihe steht weniger die operative Entwicklung des Schuldners – in der Regel eines Staates oder Unternehmens – im Mittelpunkt, sondern die Frage, ob zurückbezahlt werden kann oder nicht. Es geht also vor allem um die Bonität des hinter der Anleihe stehenden Schuldners. Ratingagenturen wie Standard & Poor's oder Moody's erstellen gegen ansehnliches Entgelt detaillierte fundamentale Bewertungen dieser Emittenten, die in Beurteilungen (wie AAA oder Aaa für die besten Unternehmen) münden. Diese Bewertungen dienen Investoren oft als Entscheidungshilfe für Investitionen in Anleihen. Eine weitere Abgrenzung von Anleihen zu Aktien: Im Gegensatz zum Aktionär hat der Anleihenbesitzer kein Recht auf Mitbestimmung.

Während früher vor allem Staaten und andere Gebietskörperschaften Schuldner oder Emittenten von Bonds waren, so haben sich in letzter Zeit immer mehr Unternehmen als Herausgeber von Anleihen präsentiert. Anleiheemittenten können dabei Unternehmen unterschiedlicher Größe sein. Wird im Rahmen einer Anleiheemission sehr viel Geld „aufgenommen", so notiert die Anleihe in der Regel an einer Börse. Ein Großteil des Anleihenhandels findet jedoch im Gegensatz zu Aktien außerbörslich zwischen Banken und Investoren statt.

	AKTIEN	ANLEIHEN
Risiko	überdurchschnittlich	gering
Rendite	Dividende plus Kursentwicklung	festgelegte Verzinsung
Ertragserwartung	Anleihenrendite plus Risikoprämie	Anleihenrendite
Fristigkeit der Geldanlage	sollte langfristig sein, kurzfristige Spekulation möglich	mittel- bis langfristig
Stellung des Investors	Mitbesitzer	Gläubiger
Mitwirkungsrechte	über die Hauptversammlung	keine

Abbildung: Unterschiede zwischen Aktien und Anleihen

Beispiel: Die Investments der Paula Prozentiger

Paula Prozentiger investiert sowohl in Aktien als auch in Anleihen. Welchen Anlagetyp sie vorzieht, hängt unter anderem von der Verzinsung ab, die etwa Staatsanleihen zum jeweiligen Zeitpunkt garantieren. Immer wenn sie über fünf Prozent Verzinsung erreichen kann, legt sie einen größeren Teil ihres Vermögens in Anleihen an. Der Hintergrund für Paulas System ist der, dass für sie Anleihen einen fixen Ertrag im Jahr abwerfen, während sich der Gesamtertrag bei Aktien aus der Dividende und der Kursentwicklung zusammensetzt. Die Kursentwicklung ist generell eher etwas nicht Vorhersehbares. Bekommt Paula also fünf Prozent sicher, so erhöht sie den Anleihenanteil und senkt den Aktienanteil. Paula kennt übrigens auch den Unterschied zwischen Kursentwicklung und Rendite bei Anleihen. Denn steigende Kurse führen zu tieferen Renditen und umgekehrt steigende Renditen zu tieferen Kursen.

Innerhalb der letzten Jahre ist eine Spezialform der Anleihe bedeutender geworden, die sich Mikrofinanzanleihe nennt. Mikrofinanzanleihen basieren auf einer Vielzahl von Kleinstkrediten (Mikrokrediten), die in der Regel an Menschen in armen Regionen der Welt vergeben werden. Mikrofinanz kann auch als soziales Projekt gesehen werden, weswegen Mohammed Yunus im Jahr 2006 den Friedensnobelpreis für sein diesbezügliches Engagement erhalten hat.

Info-Box

Mikrokredit

Kleinunternehmer und Privatleute aus ärmeren Bevölkerungsschichten werden von den kommerziellen Banken nur selten als Kunden akzeptiert. Diese Tatsache ist vor allem in Entwicklungsländern ein großes Problem. Die Idee der Mikrokredite – also eigentlich Kleinstkredite – soll Menschen, die bisher nicht als kreditwürdig galten, mit Finanzierungen versorgen. Mikrokredite werden meist vor Ort vergeben, die Bank kommt zum Kunden und bildet Kredit- oder Spargruppen vor Ort. Bei den regelmäßigen Treffen dieser Gruppen werden die Kreditraten eingesammelt.

Weitere Anlageformen für den Anleger umfassen – wie in der Darstellung zu Risiko und Ertrag bereits gezeigt – Immobilien, aber auch Private Equity oder Hedgefonds. Die Assetklasse Private Equity bezeichnet zunächst Anteile an solchen Unternehmen, die nicht börsennotiert sind. Im Wesentlichen geht es um das erfolgreiche Management von Unternehmen, die noch zu klein für die Börse sind oder gerade restrukturiert werden. Bei derartigen Restrukturierungen bleibt in den Unternehmen manchmal auf Kosten der Gewinnerhöhung kein Stein auf dem anderen. Daher wird auch manchmal der Terminus der „Heuschrecken" verwendet, der auf die Eindimensionalität der – rein kurzfristigen und gewinnorientierten – Betrachtungsweise abzielt. Auch Hedgefonds (siehe Erklärung Seite 122) sind in der Regel kurzfristig orientiert, sie versuchen Ineffizienzen an den Börsen auszunutzen und können dabei zu kurzfristigen Verwerfungen beitragen.

Info-Box

Assetklasse

Unterschiedliche Anlageformen werden in Gruppen zusammengefasst. Charakteristika dieser Gruppen sind Ertragserwartung, Risiko und rechtlicher Hintergrund. Zu den bedeutendsten Assetklassen zählen Aktien und Anleihen. Beide umfassen wieder sogenannte Sub-Assetklassen wie nordamerikanische Aktien gegenüber europäischen Aktien oder Staatsanleihen gegenüber Unternehmensanleihen. Unter alternative Assetklassen fasst man meist Immobilien, Venture Capital/Private Equity und Hedgefonds zusammen. Sie weisen in der Regel geringere Transparenz und/oder Liquidität als die traditionellen Assetklassen Aktien und Anleihen auf.

Die Grundidee der „Heuschrecken" – der Terminus stammt übrigens vom Deutschen Politiker Müntefering aus dem Jahr 2005 – widerspricht deutlich dem langfristigen und nachhaltigen Gedanken der Geldanlage. Nachhaltige Investoren sind daher bei Investments in Private Equity sowie Hedgefonds regelmäßig sehr vorsichtig und investieren nur in Spezialprodukte in diesen Assetklassen.

Die Zuhilfenahme eines Anlageprofis – Investmentfonds und andere Produkte

Investments in Assetklassen wie Aktien und Bonds können vom Investor individuell und auf Basis eigener Einschätzungen und eigener Analysen durchgeführt werden. Es gibt aber auch Alternativen. Die beliebteste davon ist die des Investmentfonds. Wie funktioniert aber ein Investmentfonds? Bei diesem Produkt wird das Management des investierten Betrages einem professionellen Investor bei einer Investmentfondsgesellschaft überlassen. Viele kleine und auch größere Anleger zahlen ihr Geld in einen großen Topf ein und erhalten dafür Anteile an diesem Topf, die Investmentfondsanteile genannt werden. Der Fondsmanager verwaltet das gesamte Vermögen des Topfes gemäß den Richtlinien des Fonds und versucht, eine möglichst attraktive Wertentwicklung für die Inhaber der Investmentfondsanteile sicherzustellen.

Beispiel: Fondspalette einer Investmentfondsgesellschaft
Dachfonds (Fonds die in andere Fonds investieren)
Spezialfonds (spezielle Fonds für Einzelkunden)
Publikumsfonds

- Geldmarktfonds
- Rentenfonds
  - Staatsanleihen
  - Unternehmensanleihen
  - Anleihen aus Wachstumsmärkten
- Aktienfonds
  - Inländische Aktien
  - Europäische Aktien
  - Regionale Aktien

  - Aktien weltweit
  - Aktien aus Wachstumsmärkten
  - Themenfonds (Umwelt, Mobilität usw.)
  - Branchenfonds (Biotechnologie, Gold usw.)
- Gemischte Fonds (verschiedene Assetklassen)
- Immobilienfonds

Die Spezialisierungen von Fonds können in Richtung einzelner Assetklassen (Aktien, Anleihen) oder Sub-Assetklassen (Regionenfonds, Themenfonds) gehen. Mit dem Kauf von Fonds ergibt sich automatisch eine Risikoreduktion gegenüber von Einzelinvestments, weil die Bewegungen von Portfolios durch unterschiedliche Entwicklungen der einzelnen Komponenten – wie Einzelaktien oder -anleihen – abgeschwächt werden. Dabei spricht man von Diversifikation. Schon ein kanadisches Sprichwort sagt, *„Lege nicht alle Eier in einen Korb“*, denn eine Beschädigung dieses Korbes hätte fatale Auswirkungen. Allerdings muss der Anleger dem Manager des Fonds klarerweise auch Geld für seine Dienste bezahlen – in Form der sogenannten Management-Fee. Wie Einzelaktien werden auch Investmentfonds täglich neu bewertet, und zwar auf Basis der enthaltenen Wertpapiere.

Info-Box

Diversifikation

Das Prinzip der Diversifikation geht in Richtung der optimalen Mischung von Geldanlagen. Investments, die nicht immer in dieselbe Richtung laufen, werden gemeinsam getätigt. Dadurch sinken die Schwankungen des Portfolios und damit auch das Risiko. Diversifikationseffekte sind etwa zu beobachten bei Investments in Fonds gegenüber Einzelaktien oder bei Portfolios aus mehreren Assetklassen gegenüber einer einzigen Assetklasse.

Natürlich können sich aber auch Fonds dem dauernden Auf und Ab an der Börse nicht völlig entziehen. Um nicht das Risiko einzugehen, zu einem schlechten Zeitpunkt mit einem hohen Geldbetrag einzusteigen, gibt es die attraktive Möglichkeit der Durchschnittsbildung in Form des Fondssparplans. Legt sich der Anleger etwa monatlich einen Betrag beiseite, um regelmäßig Fondsanteile zu erwerben, so wird er langfristig zu „durchschnittlichen“ Preisen einsteigen und Extremkurse vermeiden.

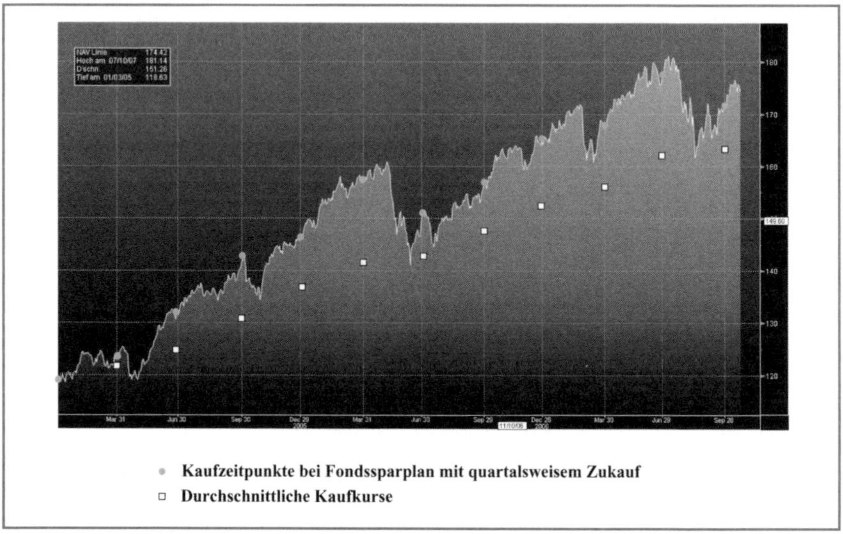

Chart: Fondssparplan und Risikoreduzierung (Quelle: Bloomberg)

Eine Alternative zu Investmentfonds stellen Zertifikate dar. Dabei handelt es sich um Schuldverschreibungen von Banken, die für den Investor in verschiedensten Assetklassen und Märkten investieren. Zertifikate sind zum Teil ganz unterschiedliche Finanzprodukte, sie verbriefen dem Anleger die Teilnahme an der Kursentwicklung anderer Wertpapiere und Finanzprodukte. Zertifikate werden an der Börse gehandelt. Während beim Investmentfonds der Fondsmanager über das Portfolio entscheidet und regelmäßig eingreifen kann, sind die Investments beim Zertifikat in der Regel vorgegeben und werden auch nicht geändert, der Investor muss also genaue Vorstellungen haben.

Beispiel: Drei unterschiedliche Formen von Zertifikaten

In der Folge sollen drei besonders häufige Formen von Zertifikaten verglichen werden:

1) Index-Zertifikate

   Index-Zertifikate basieren auf der Indexentwicklung einer Börse oder eines Themenindex (wie etwa eines Nachhaltigkeitsindex). Index-Zertifikate bilden die Kursentwicklung eines Index meist in einem bestimmten Verhältnis ab, zum Beispiel 1:100. Ein Indexzertifikat auf den deutschen Aktienindex DAX würde dann beispielsweise bei einem Indexstand von 4.525 Punkten 45,25 Euro kosten. Die Kursentwicklung des Zertifikats läuft immer parallel zum zugrunde liegenden Aktienindex.

2) Basket-Zertifikate
Basket-Zertifikate basieren auf der Entwicklung eines Aktienkorbes. Die Zusammenstellung dieses Korbes, der aus 5 bis 15 Aktien besteht, erfolgt nach bestimmten Themenschwerpunkten. Unter diesen Themen befanden sich zuletzt oft Bereiche, die in engem Zusammenhang mit der Nachhaltigkeitsdiskussion stehen – wie erneuerbare Energie, Wasser oder Klimaschutz.

3) Garantie-Zertifikate
Beim Kauf eines Garantie-Zertifikats erhält der Anleger einen gewissen Schutz gegen Kursverluste des zugrunde liegenden Basiswerts. Die Garantie kann den Gesamtbetrag des eingesetzten Kapitals oder nur einen Teil davon umfassen. Diese Garantie ist natürlich nicht umsonst. Der Preis dafür ist die eingeschränkte Teilnahme an positiven Marktbewegungen.

Die optimale Zusammenstellung der Geldanlage – Portfolios

Aus den genannten Einzelinvestments und Anlageklassen lassen sich verschiedene Kombinationen zusammenstellen, die als Portfolios bezeichnet werden. Für diese Portfolios ist einerseits die bereits erwähnte Diversifikation ein Thema, andererseits muss sich der Anleger aber auch überlegen, welches Risiko er überhaupt eingehen will.

Das magische Dreieck der Geldanlage basiert auf der klassischen Sichtweise von Investments und Portfolios. Das magische Dreieck enthält die Faktoren Risiko, Ertrag und Liquidität – denn Investments sollen hohe Rentabilität, hohe Liquidität und geringes Risiko aufweisen, diese Ziele gilt es unter einen Hut zu bringen. Für den nachhaltig interessierten Investor wird das magische Dreieck zum magischen Viereck. Neben den Themen Rendite, Liquidität und Risiko wird die nachhaltige Verantwortbarkeit eines Investments zum vierten Detail, das zu berücksichtigen ist. Dazu aber im nächsten Kapitel.

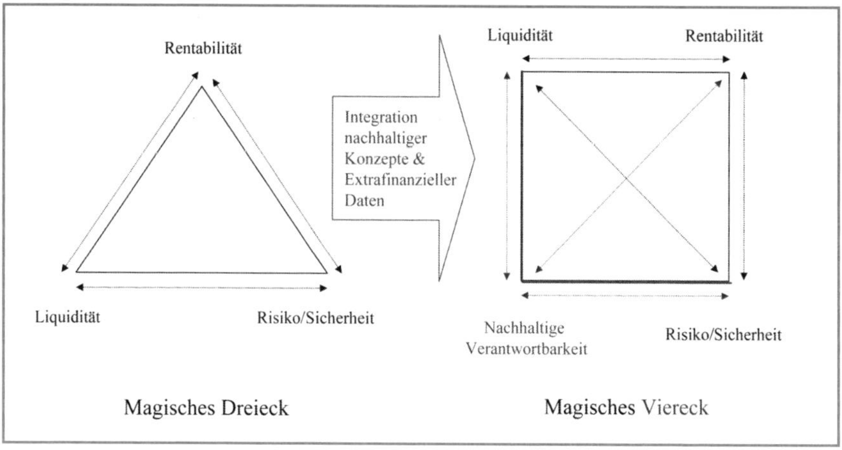

Abbildung: Vom magischen Dreieck zum magischen Viereck der Geldanlage

Bei einer Beurteilung anhand des magischen Dreiecks weisen unterschiedliche Assetklassen verschiedene Vor- und Nachteile innerhalb der drei genannten Dimensionen auf. Aktieninvestments etwa weisen ein überdurchschnittliches Risiko, mittel- bis langfristig hohen Ertrag und hohe Liquidität auf. Bei Anleihen ist das Risiko eher gering, dafür der Ertrag unterdurchschnittlich und die Liquidität ebenfalls hoch. Immobilien hingegen weisen einen mittleren Ertrag bei moderatem Risiko auf, wobei die Liquidität eher gering ist.

Beispiel: Assetklassen, Ertragserwartung und Risiko

Ein Vergleich der aktuellen Renditeerwartungen für die wesentlichen Assetklassen zeigt, dass man aktuell für Aktien von rund sieben bis acht Prozent durchschnittlichem Ertrag pro Jahr ausgehen sollte. Dabei scheinen Teile von Asien und die Emerging Markets attraktiver als die Industrieländer – allerdings bei leicht höherem Risiko.

Bei festverzinslichen Investments liegen Geldmarkt und Anleihen fast gleichauf, mit Renditevorteilen bei Unternehmensanleihen gegenüber Staatsanleihen.

Die alternativen Assetklassen schließlich versprechen zum gegenwärtigen Zeitpunkt Renditen von 5,3 bis acht Prozent. Immobilien und Hedgefonds sollten höhere Renditen erzielen als Anleihen und geringere als Aktien, wobei das Risiko in der Mitte von beiden liegt. Private Equity schließlich ist vom Ertrags-/Risiko-Verhältnis ähnlich wie Emerging-Markets-Aktien zu sehen.

	Erwartete jährliche Rendite	Risiko
AKTIEN		
Aktien Europa	7,0%	16,6%
Aktien USA	7,0%	18,6%
Aktien Japan	7,3%	20,6%
Aktien Pazifisches Becken ex Japan	8,0%	21,7%
Aktien Emerging Markets	8,0%	25,2%
Aktien Welt	7,2%	16,0%
ANLEIHEN		
Anleihen EUR – Staatsanleihen	4,4%	4,0%
Anleihen EUR – Unternehmensanleihen	4,9%	4,2%
Geldmarkt EUR	4,3%	0,5%
SONSTIGE		
Immobilien Europa	5,3%	9,0%
Hedgefonds	6,3%	9,0%
Private Equity	8,0%	23,5%

Abbildung: Risiko- und Ertragserwartung einzelner Assetklassen per Ende 2007

Wesentlich bei der Betrachtung ist aber auch, das Thema Diversifikation nicht zu vergessen. Eine gute Mischung von Assetklassen bedeutet weniger Schwankung für das Gesamtportfolio.

So kann jeder Investor die für ihn optimale Assetklasse oder Kombination von Assetklassen auswählen. Je nach Risikoneigung werden Investoren in Kategorien eingeteilt. Risikobereite oder dynamische Investoren nehmen auch ein höheres Risiko in Kauf und werden dafür auf Sicht mit höheren Erträgen belohnt. Risikominimierende oder defensive Investoren denken eher kurzfristig und wollen Verluste – auch wenn diese nur vorübergehend auftreten – vermeiden.

Dazu gibt es die Börsenanekdote des Bankiers Rothschild und seines Chauffeurs. Auf die Frage des Chauffeurs nach der optimalen Geldanlage antwortet Rothschild Folgendes: *„Mein Lieber, es gibt zwei Möglichkeiten, sich bei Geldanlagen zu positionieren. Die Alternativen sind schlecht essen und gut schlafen oder gut essen und schlecht schlafen!“* Damit sprach Rothschild das nicht widerlegbare Faktum an, dass höhere Erträge in der Geldanlage und an der Börse immer mit höherem Risiko und höherer Volatilität bezahlt werden müssen. Der Anleger in riskanteren Investments wird daher kurzfristig mehr zittern und vielleicht schlechter schlafen. Er wird aber letztendlich mehr Geld verdienen und damit besser essen können.

Zusammenfassend kann man sagen, dass jedes Mehr an Ertrag durch höheres Risiko erkauft werden muss. Ein anderes Börsensprichwort in diesem Zusammenhang lautet *„There is no free lunch!"* – man bekommt also nichts geschenkt an der Börse.

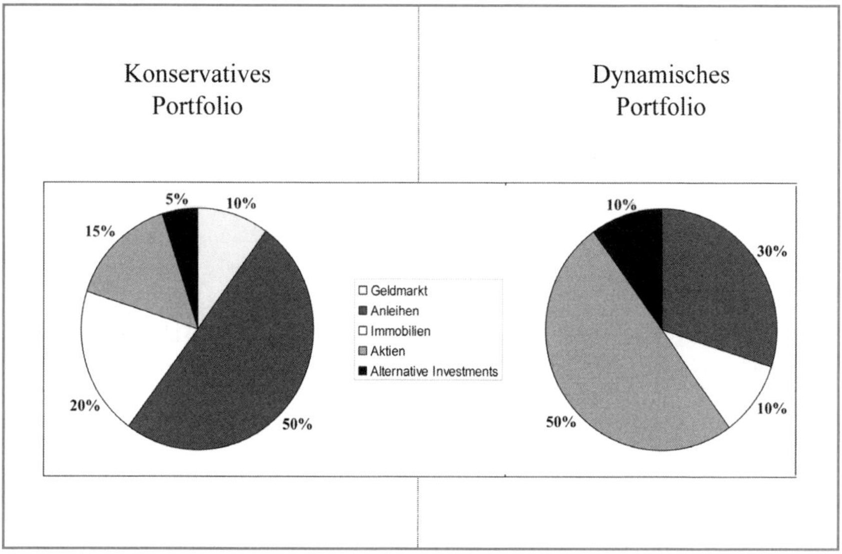

Abbildung: Anlagetypen und Portfoliogewichtungen

Ein konservatives Portfolio weist eine geringe Schwankung bei kleineren Ertragschancen als das dynamische Portfolio auf. Im dynamischen Portfolio nimmt das Aktieninvestment einen bedeutenden Teil ein, auch alternative Investments – wie Immobilien, Private Equity oder Hedgefonds – sind höher gewichtet. Auf der anderen Seite gewichtet der konservative Investor eher vorsichtige oder defensive Investments, wie Geldmarkt und Anleihen, deutlich höher.

Auf Basis der dargestellten Ertragserwartungen ergibt sich für die beiden Investmentgruppen folgendes Bild. Die jährliche oder annualisierte Ertragserwartung des konservativen Investors liegt bei einem Ertrag von

5,22 Prozent, die des dynamischen Investors bei 6,14 Prozent. Die Berechnung stellt sich im Detail wie folgt dar.

Beispiel: Ertragserwartung für den konservativen und dynamischen Investor

		Anteil am Portfolio	Jährliche Ertragserwartung	Performancebeitrag
Konservatives Portfolio	Geldmarkt	10%	4,30%	0,43%
	Anleihen (50% Staatsanleihen, 50% Unternehmensanleihen)	50%	4,65%	2,33%
	Immobilien	20%	5,30%	1,06%
	Aktien (Welt)	15%	7,00%	1,05%
	Alternative Investments (50% Hedgefonds, 50% Private Equity)	5%	7,15%	0,36%
	Gesamt			5,22%
Dynamisches Portfolio	Geldmarkt	0%	4,30%	0,00%
	Anleihen (50% Staatsanleihen, 50% Unternehmensanleihen)	30%	4,65%	1,40%
	Immobilien	10%	5,30%	0,53%
	Aktien (Welt)	50%	7,00%	3,50%
	Alternative Investments (50% Hedgefonds, 50% Private Equity)	10%	7,15%	0,72%
	Gesamt			6,14%

Kapitel 3: Investments und Verantwortung

Investments bedeuten letztendlich Finanzierung – und zwar die Finanzierung von Unternehmen (Aktien und Anleihen) oder Staaten (Anleihen). Dieses Kapitel widmet sich der Frage, wie man nachhaltig agierende Unternehmen identifiziert.

Über den Tellerrand blicken und davon profitieren – Nachhaltigkeit und Investment

Sind Investments und Nachhaltigkeit vereinbar? Während Nachhaltigkeit einen sinnstiftenden Charakter hat, scheint Investment weitgehend trocken und rein monetär ausgerichtet zu sein. Trotzdem soll dieses Kapitel zeigen, dass beide Ansätze letztendlich sehr gut miteinander kombinierbar sind.

Wie bereits im ersten Kapitel gezeigt, baut das Prinzip Nachhaltigkeit auf drei Säulen auf. Daraus folgt, dass auch in Bezug auf die nachhaltige Geldanlage in Aktien oder andere Assetklassen neben den klassischen ökonomischen auch soziale (Gesellschaft) und ökologische (Natur) Kriterien zu berücksichtigen sind. Dazu die folgende Abbildung von Diefenbacher:

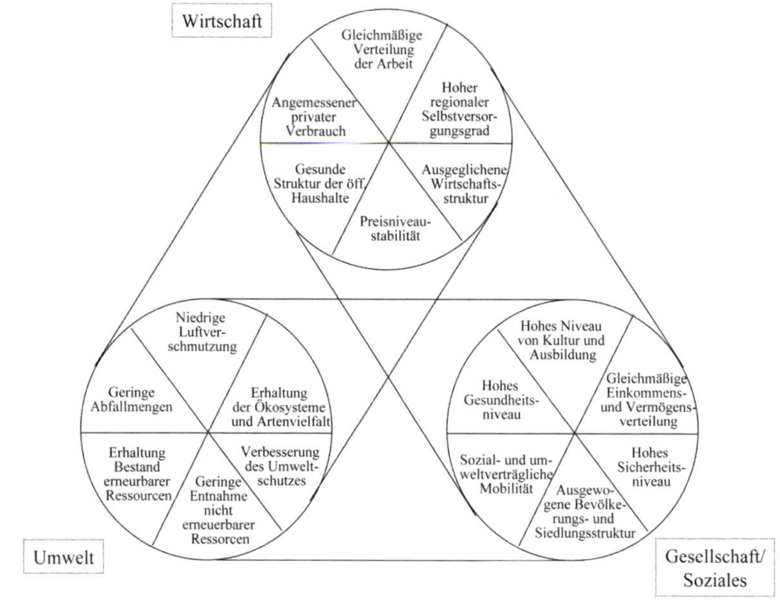

Abbildung: Nachhaltigkeit als Unternehmenskonzept

Die Abbildung zeigt einerseits die Dimensionen und ihre Wechselwirkungen untereinander. Gute Ergebnisse für alle drei Bereiche (Wirtschaft,

Umwelt und Soziales) sind – wie die Dimensionen des magischen Dreiecks – gemeinsam oft nur schwer erreichbar. Keiner der drei genannten Teilbereiche kann verfolgt werden, ohne die jeweils beiden anderen zu beachten. Änderungen im Zielerreichungsgrad in einer der drei Dimensionen beeinflussen auch die beiden anderen – zum Teil positiv, zum Teil negativ. Andererseits zeigt die Abbildung auch Zielsetzungen für die einzelnen Dimensionen auf Basis einer nachhaltigen Sichtweise.

Beispiel: Das neue Ökoauto
Ein Automobilhersteller überlegt, neben seiner traditionellen Produktpalette auch noch ein ökologisch einwandfreies Auto anzubieten. Für dieses Projekt müsste allerdings einiges an finanziellen Mitteln im Unternehmen verwendet werden. Aus Sicht der Umwelt scheint das Projekt einmal sehr positiv zu bewerten zu sein. Allerdings muss die Finanzierung sichergestellt werden. Andere Projekte, wie etwa eine Erneuerung in der Produktionsstraße eines anderen Modells, werden hintangestellt, was die dortigen Mitarbeiter weiterhin an einigermaßen veralteten Maschinen arbeiten lässt. Und auch die wirtschaftliche Dimension ist widersprüchlich. Das neue Ökoauto verschlingt zunächst Geld und wird erst auf Sicht von fünf Jahren profitabel sein.

In Bezug auf nachhaltiges und verantwortungsvolles Investieren existiert eine Menge von Begriffen, die mehr oder weniger in ähnliche Richtungen zu interpretieren sind oder sogar fast dasselbe bedeuten. Auch ist die Verwendung der Begriffe oft nicht ganz eindeutig, was das Problem einer Unterscheidung noch verstärkt.

Neben den drei Dimensionen der Nachhaltigkeit – Ökonomie, Ökologie und Soziales – sind es vor allem die Begriffe „Ethik“ und „Ökoeffizienz“, die im nachhaltigen Kontext oft verwendet werden. Beide kommen auch immer wieder für die Bezeichnung von Fonds und deren Managementstil zum Einsatz.

Während der Begriff der Ethik stark in den moralischen und oft religiösen Bereich tendiert, ist Ökoeffizienz auf das Zusammenspiel von Ökonomie und Ökologie ausgerichtet. Ökoeffizienz spiegelt den geschaffenen ökonomischen Wert unter Berücksichtigung der dabei verursachten gesamten Umwelteinwirkungen wider.

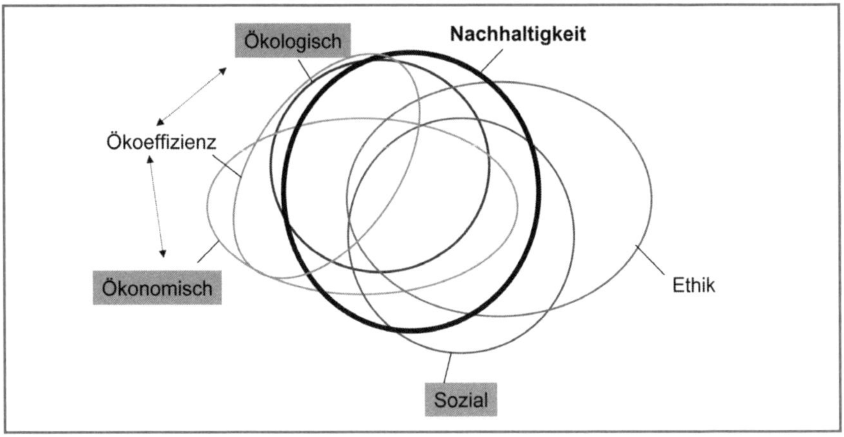

Abbildung: Verwirrspiel der Begriffe

Der Begriff Nachhaltigkeit dient jedenfalls letztendlich als Spange für alle anderen Bezeichnungen. Es ist auch wichtig zu sagen, dass im heutigen Sprachgebrauch in der Finanzbranche die Begriffe Nachhaltigkeit und Ethik im Zusammenhang mit Fonds – in einer allgemeinen Betrachtung – oft gleichgesetzt werden. Dies gilt insbesondere für den österreichischen Markt.

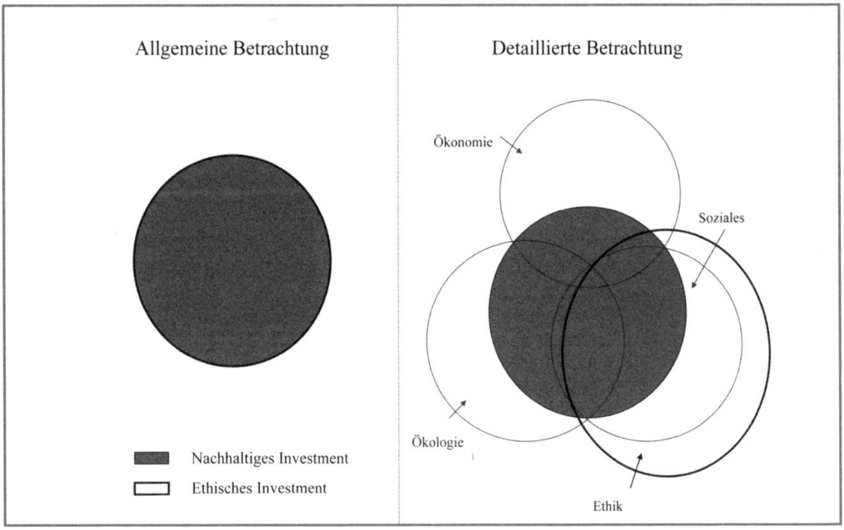

Abbildung: Nachhaltigkeit und Ethik – im engeren und weiteren Sinn

Geht man der ursprünglichen Unterscheidung aber näher auf den Grund, so existieren in Wahrheit jedoch kleine, aber feine Unterschiede. Denn die ethische Sichtweise geht zum Teil über die Nachhaltigkeit hinaus. Moralische Vorstellungen sind dann teilweise aus ökonomischer, ökologischer oder sozialer Sicht nicht zu rechtfertigen.

Info-Box

Ethik

Das Gebiet der Ethik beschäftigt sich mit der Verantwortung für menschliches Handeln, und zwar gegenüber sich selbst, gegenüber anderen und gegenüber der Umwelt. Das Problem mit ethischen Grundsätzen in der Geldanlage ist die damit verbundene eher subjektive und moralische Einstellung. Ethische Investitionen können aber durch die Einschaltung von Anlagebeiräten, die mögliche ethische Grundsätze auf breiter Basis diskutieren, zu einer objektiveren Linie finden. Eine Spezialform ethischer Anlagen sind sogenannte Scharia- oder Islamic-Finance-Produkte, die nicht auf abendländischen Ethik-Vorstellungen, sondern dem islamischen Glauben und dessen ethischen Grundsätzen aufbauen.
Die Geschichte der nachhaltigen Geldanlage war am Beginn eine Geschichte der ethischen Prinzipien. Investoren begannen sich über die eigenen Werte bewusst zu werden. Religiöse Gruppen waren unter den Ersten, die sich Gedanken machten, ob sie bei ihren Geldanlagen auch verantwortungsvoll agierten. Einige christliche Glaubensgemeinschaften lehnten etwa schon im 17. Jahrhundert den rentablen Sklavenhandel oder Geschäfte mit Rüstungsgütern ab.

Am Anfang des 20. Jahrhunderts war das Thema nachhaltige Geldanlage dann schon stark auf das Börsegeschehen fokussiert. Gekennzeichnet war sie damals durch den Ausschluss von bestimmten Tätigkeitsbereichen und Geschäftspraktiken. Im Jahre 1928 wurde in den USA mit dem Pioneer Fund der erste „ethisch-nachhaltige" Fonds seiner Art gegründet. Er investierte in keine Unternehmen, die Waffen, Alkohol oder Tabak herstellten. Der Pioneer Fund ging auf kirchliche Initiativen zurück und existiert auch heute noch.

In den Siebzigerjahren wurden ethisch-nachhaltige Fonds von der Friedensbewegung beeinflusst oder dominiert. Der Vietnamkrieg und die Apartheidpolitik Südafrikas waren wichtige Themen.

Beispiel: Die Kampagne gegen die Apartheidpolitik Südafrikas
Die Apartheid – die strikte Rassentrennung in Südafrika – wurde von der sogenannten Anti-Apartheid Bewegung oder auch Boycott Movement offiziell seit 1959 bekämpft. 1962 wurde eine nicht bindende Resolution der UNO verabschiedet, die wegen der Apartheid wirtschaftliche und andere Sanktionen gegen Südafrika empfahl. Viele ethische und nachhaltige Investoren schlossen sich der Bewegung und der Resolution an und schlossen Investments in Südafrika aus. Schließlich wurde die Apartheid nach einer Reihe von Verhandlungen zwischen den politischen Gruppen in Südafrika innerhalb der Jahre 1990 bis 1993 aufgehoben. 1994 fanden schließlich demokratische Wahlen statt.

Nachdem zunächst die Negativkriterien dominiert hatten, folgte dann eine verstärkte Berücksichtigung „grün-ökologischer" Positivkriterien. Die Friedensbewegung machte sozusagen der Umweltbewegung Platz. In den Achtzigerjahren wurden Umweltfonds aufgelegt, die in Aktien investierten, die zur Schonung der natürlichen Ressourcen beitrugen. Der erste bedeutende ökologisch orientierte Fonds war der New Alternative Fund, welcher im Jahr 1982 startete.

Beispiel: Erneuerbare Energie-Fonds
Fonds im Bereich erneuerbare oder regenerative Energie und Klimaschutz feierten zuletzt einen wahren Höhenflug. Vergessen wird dabei aber oft die Tatsache, dass erneuerbare Energie bereits um die Jahrtausendwende ein großes Thema war. Damals gab es beispielsweise auch eine Hausse in solchen Aktien, die sich mit Brennstoffzellentechnologien befassten. Mittlerweile ist die Euphorie für Brennstoffzellen abgeklungen, was man am Kursverlauf von Unternehmen wie Ballard Power unschwer ablesen kann. In den Jahren 2002 und 2003 wurden wegen des schlechten Umfelds sogar Investmentprodukte geschlossen.
Der Anleger muss akzeptieren, dass Themen im Investment kommen und gehen. Aufgrund der aktuellen Energiepreise und der Strategien für einen Strukturwechsel in der Energieerzeugung sollte die Entwicklung im Bereich erneuerbare Energien aber aktuell deutlich besser abgestützt sein als bei anderen Themen vor einigen Jahren.

Erst später wurde der Begriff der SRI – Socially Responsible Investments – geboren, der auf einer Sozial- und auch Umweltverträglichkeit der Geldanlage basierte. Der englische Begriff SRI findet auch heute noch weite Verwendung und bedeutet übersetzt ganz einfach nachhaltiges Investment. Allerdings wird auch der Begriff der Responsible Investments oder verantwortungsvollen Investments immer häufiger verwendet. Die neuen Produkte der Neunzigerjahre fanden breitere Akzeptanz, erste auf nachhaltige Fragen spezialisierte Analyse- und Researchagenturen wurden gegründet. In den Neunzigerjahren wurde auch der Best-in-Class-Ansatz modern (dazu siehe Seite 98).

Innerhalb der letzten zwanzig Jahre wurde nachhaltiges Investment schließlich immer mehr zu einer von der Investorengemeinde akzeptierten Alternative. Der Schwerpunkt der Entwicklung fand zunächst in den USA und in Großbritannien statt. In jüngster Vergangenheit haben nahezu alle großen Vermögensverwalter begonnen, nachhaltige Investments in ihre Produktpalette aufzunehmen.

Beispiel: Trendsetter und Me-too-Produkte

In den letzten Jahren ist der Markt für nachhaltiges Investment deutlich gewachsen. Viele neue Produkte wurden insbesondere im Jahr 2007 auf den Markt gebracht. Wie kann man nun unterscheiden, ob die Anbieter aus Überzeugung handeln oder nur auf den Zug der Zeit aufspringen? Ein gutes Indiz ist zunächst einmal das Startdatum der Produkte. Außerdem zeigt sich, dass die Anbieter von Me-too-Produkten oft Dachfonds auflegen oder Zertifikate anbieten. Beides erfordert vergleichsweise wenig Aufwand, wie zum Beispiel im Bereich Research und Analysen. Es ist daher relativ einfach für die Anbieter, sich mit Dachfonds und Zertifikaten ein (kleines) grünes Mascherl umzuhängen.

Die aktuell größten Nachhaltigkeitsfonds in Europa sind folgende:

Ranking Juni 2007	Asset Manager	Name des Fonds	Land	Volumen (in Mio. EUR)
1	Friends Provident Pensions	Stewardship Pension Fund	UK	2097
2	SAM	SAM Sustainable Water	Schweiz	1562
3	F&C	F&C Stewardship Growth Fund	UK	1302
4	Pioneer	Pioneer Fund – Global Ecology	Italien	1125
5	Natixis	Natixis ISR Euro Moyen Terme	Frankreich	1024
6	AGF	AGF Valeurs Durablcs	Frankreich	878
7	UBS	UBS (Lux) EF – Global Innovators	Schweiz	701
8	Henderson	Henderson Global Care Managed	UK	682

Mit dem sich entwickelnden Boom im Bereich nachhaltiges Investment wurde auch der Begriff der Anspruchsgruppen oder Stakeholder eines Unternehmens immer wichtiger. In der dreidimensionalen Betrachtung der Nachhaltigkeit können sowohl die Umwelt selbst als auch viele soziale Faktoren als Beziehungen des Unternehmens zu Anspruchsgruppen umschrieben werden.

Info-Box

Shareholder und Stakeholder

Übersetzt bedeuten die beiden Begriffe Aktionär (für Shareholder) und Anspruchsgruppe (für Stakeholder). Aktionäre sind wie bereits dargestellt die Eigentümer einer Aktiengesellschaft, während Stakeholder solche Gruppen sind, die Ansprüche oder wesentliche Interessen gegenüber dem Unternehmen haben. Zu diesen Gruppen, die vom Unternehmen und seinen Aktivitäten maßgeblich beeinflusst werden, zählen etwa Mitarbeiter, Kunden, Zulieferer, aber auch die Gesellschaft als solche und die Umwelt. Shareholder- und Stakeholderorientierung werden oft als Sinnbilder für die Unternehmenspolitik verwendet – also ob ein Unternehmen oder auch Wirtschaftssystem rein finanziell und kurzfristig oder eher langfristig und nachhaltig orientiert ist.

Anspruchsgruppen (Stakeholder) sind also jene Parteien, die von den Aktivitäten eines Unternehmens betroffen sind. Sie sind wesentlich für das Unternehmen, weil sie diejenigen sind, die Güter für das Unternehmen selbst produzieren (Mitarbeiter), diejenigen, die sie kaufen (Kunden), und schließlich diejenigen, welche die soziale und ökologische Umwelt vertreten, in der die Güter hergestellt werden (Gesellschaft, Natur).
Alle Stakeholder stellen dem Unternehmen Leistungen zur Verfügung und rufen auf der anderen Seite aber auch Gegenleistungen ab. Stakeholder befinden sich zum Teil im Unternehmen selbst, wie Aktionäre, das Management und die Mitarbeiter. Externe Stakeholder sind etwa Investoren in Anleihen, Kreditgeber, Lieferanten, Kunden oder auch Staat und Gesellschaft.

Beispiel: Stakeholder und ihre Stimme
Verschiedene Stakeholder können ihre Ansprüche gegenüber dem Unternehmen auf unterschiedliche Art und Weise geltend machen. Aktionäre,

die Shareholder und Stakeholder zugleich sind, können die Hauptversammlung als Forum nutzen. Aber wie verfahren die anderen Stakeholder? Das Management kann seine Vorstellungen in der Regel bis zu dem Moment umsetzen, in dem das Aufsichtsgremium oder die Aktionäre erste Kritik äußern und ihre Unterstützung entziehen. Die Mitarbeiter haben ihre Arbeitnehmervertretungen und die Möglichkeit des Streiks. Besitzer von Anleihen können in der Regel nicht viel mehr tun, als ihre Papiere zu verkaufen. Lieferanten sind meist in einer schwierigen Situation, weil ihre Produkte austauschbar sind. Daher ist ihre Stimme in den Verhandlungen mit dem Unternehmen oft keine wirklich gewichtige. Die Kunden können ihre Konsumgewohnheiten ändern, um sich Gehör zu verschaffen, hier liegt die Bedeutung in der Menge der Kunden, die sich in gleicher Form quasi „äußern". Staat und Gesellschaft schließlich können ihre Vorstellungen über Gesetze und den Dialog an das Unternehmen weitergeben. Allerdings sind vor allem Großunternehmen in der Regel flexibel, was ihre Standorte betrifft. Strengere Gesetze können daher Standortverlagerungen zur Folge haben. Die Stakeholdergruppe Umwelt schließlich kann sich nicht selbst äußern und wird in der Regel von NGOs (siehe dazu Seite 73) sowie Staat und Gesellschaft vertreten.

Stakeholder	Leistungen FÜR das Unternehmen	Gegenleistungen DURCH das Unternehmen
Im Unternehmen		
Aktionäre (Eigentümer)	Einsatz von Kapital	Verzinsung und Wertsteigerung des eingesetzten Kapitals, Mitspracherechte
Management	Kompetente Managementleistung	Gehalt, Prestige & Einfluss
Mitarbeiter	Arbeitskraft, Motivation	Einkommen, soziale Sicherheit, Gruppenzugehörigkeit, Sinnstiftung
Außerhalb des Unternehmens		
Besitzer von Anleihen (Fremdkapitalgeber), Banken	Einsatz von Fremdkapital	Geldanlage, Verzinsung
Lieferanten	Termingerechte Lieferung	Bezahlung, stabile Verträge
Kunden	Kauf der Produkte/ Dienstleistungen, Treue	Gute Qualität, günstige Preise

Staat und Gesellschaft (Allgemeinheit)	Sicherheit, Infrastruktur	Steuern, Arbeitsplätze
Umwelt	Grund und Boden, natürliche Ressourcen	Faire Behandlung, Vermeidung von Verschmutzung und Zerstörung

Abbildung: Übersicht über Anspruchsgruppen/Stakeholder

Abgeleitet von den Begriffen Shareholder und Stakeholder spricht man oft auch vom Shareholder Value beziehungsweise Stakeholder Value. Durch ihre Arbeit und ihren Erfolg schaffen Unternehmen Werte. Diese Werte können sich einerseits nur in gesteigerten Aktienkursen und höheren Unternehmensbewertungen widerspiegeln, dann spricht man vom Shareholder Value, der geschaffen wird. Wird aber auch Mehrwert für die Stakeholder des Unternehmens erreicht, dann spricht man von Stakeholder Value. Dieser könnte etwa in verbesserten Arbeitsbedingungen für die Mitarbeiter oder besserer Qualität für die Kunden zum Ausdruck kommen.

Eine weltweit durchgeführte Umfrage aus dem Jahr 2007 unter Unternehmenschefs zeigte, dass man in den Führungsriegen aktuell der Stakeholdergruppe der Arbeitnehmer die größte Bedeutung beimisst. Danach folgen die Kunden des Unternehmens, zentrale und lokale Behörden und erst später die NGOs. Allerdings glauben die Befragten in dieser genannten Umfrage, dass sich innerhalb der nächsten fünf Jahre eine Verschiebung ergeben wird. Es wird erwartet, dass die Kunden zum mächtigsten Stakeholder aufsteigen und den größten Einfluss auf das Unternehmen ausüben werden. Ebenso sollte die Bedeutung der NGOs deutlich zunehmen. Auf der anderen Seite sehen die Unternehmenschefs vor allem den Einfluss der Arbeitnehmer schwinden.

Beispiel: NGO-Aktivismus und Brent Spar

Brent Spar ist ein Beispiel für die Macht von NGOs, für die Bedeutung der öffentlichen Meinung für Unternehmen und für die Abhängigkeit der Unternehmen von der Loyalität ihrer Kunden. Wenngleich in diesem Falle die NGO letztendlich irrte, zeigt das Beispiel, wie wichtig der Dialog mit NGOs für Unternehmen ist. Bei Brent Spar handelte es sich um einen schwimmenden Öltank in der Nordsee, der sich im Besitz von Shell und Esso befand. Berühmt wurde Brent Spar, als Aktivisten der Umweltschutzorganisation Greenpeace die Plattform im April 1995 besetzten, um eine Versenkung zu verhindern. Greenpeace glaubte, diese Versenkung könnte Beispiel für Hunderte weitere ausgediente Plattformen in Nord- und Ostsee sein. Greenpeace forderte, dass Industrieschrott nicht im Meer versenkt, sondern möglichst umweltfreundlich entsorgt werden müsse, und argumentierte mit dramatischer Umweltverschmutzung. Die Besetzung wurde in den Medien groß diskutiert, und zwar vor allem in Deutschland. Es gab sogar Boykottaufrufe gegen Shell-Produkte, die ein großes Echo in den Medien und der Bevölkerung fanden. Daraufhin sanken die Umsätze der deutschen Shell-Tankstellen um bis zu 50 Prozent. Kritik gab es auch von deutschen Politikern, Umweltministerin war damals übrigens Angela Merkel. In Hamburg wurde von Extremisten ein Brandanschlag auf eine Shell-Tankstelle verübt. Nach einem langen Hin und Her beschloss Shell am 20. Juni 1995, die Plattform an Land zu entsorgen. Im September 1995 räumte Greenpeace schließlich ein, dass ihre Schätzung über die Menge giftiger Ölrückstände im Tank grob fehlerhaft war: Die genannte Zahl von 5000 Tonnen war viel zu hoch. Laut einem unabhängigen Prüfungsbericht beliefen sich die Ölrückstände auf lediglich 75 bis 100 Tonnen. Die gemessenen Werte entsprachen weitgehend den von Shell vorgelegten Zahlen. Greenpeace hat sich für die falschen Zahlen bei Shell und der Öffentlichkeit entschuldigt.

Info-Box

NGOs

NGO steht für Non-Governmental-Organisation, die deutsche Übersetzung lautet Nicht-Regierungs-Organisation. NGOs sind privatrechtlich organisiert, nicht auf Gewinn ausgerichtet und von staatlichen Stellen weder organisiert noch abhängig. Der Begriff wird meist für nichtstaatliche Organisationen, die in den Bereichen Sozialarbeit, Umweltschutz, Tierschutz, Bildung oder Menschenrechte aktiv sind, verwendet. Bekannte Beispiele sind das Rote Kreuz, Greenpeace, Amnesty International oder der WWF.

Ethik auf Basis des muslimischen Glaubens – Scharia-Investments

Wie bereits dargestellt, ist ethisches Investment stark mit moralischen, aber auch religiösen Vorstellungen verbunden. Aufgrund der mit der Ethik verbundenen Subjektivität ist es daher sehr schwierig, einheitliche ethische Grundsätze für die verschiedenen Kulturkreise und sozialen Gruppen zu formulieren.

Ein Versuch, sich über religiöse oder weltanschauliche Grenzen hinwegzusetzen, stammt vom Theologen Hans Küng, der das Prinzip des „Weltethos" entwickelte. In diesem Weltethos sollten unterschiedliche Weltreligionen unter Berücksichtigung auch nicht religiöser Welt- oder auch Wertanschauungen integriert werden. Dabei sind es offenbar vier Gebote, die in allen Religionen und Wertesystemen wiederzufinden sind.

Die vier „unverrückbaren Weisungen" auf Basis des Weltethos sind:

- Die Verpflichtung zu einer Kultur der Gewaltlosigkeit und der Ehrfurcht vor allem Leben
- Die Verpflichtung in Richtung einer Kultur der Solidarität und einer gerechten Wirtschaftsordnung
- Die Verpflichtung zu einer Kultur der Toleranz und einem Leben in Wahrhaftigkeit
- Die Verpflichtung in Richtung einer Kultur der Gleichbehandlung und der Partnerschaft von Mann und Frau

Durch den zunehmenden Wohlstand in der muslimischen Welt haben Scharia-Investments in den letzten Jahren deutlich an Bedeutung gewonnen. Was aber bedeutet Scharia? Scharia – oder eigentlich „Schari'a" – ist für den Moslem der verbindliche Wegweiser, der den Menschen zu Gott, seiner Quelle, führen soll und die Gesamtheit der auf die Handlungen des Menschen bezogenen Vorschriften Allahs. Als unfehlbare Pflichtenlehre umfasst die Scharia das gesamte religiöse, politische, soziale, häusliche und individuelle Leben.

Im Mittelpunkt der islamischen Investmentphilosophie stehen die Verbote der Scharia. Es sind dies Riba (Zinsverbot), Gahar (Spekulation) und Maysir (Glücksspiel). Das Zinsverbot bringt einen generellen Ausschluss von Banken und Versicherungen mit sich und verhindert zusätzlich jedes Engagement in zinstragende Papiere wie Anleihen oder kurzfristige Engagements am Geldmarkt.

Info-Box

Objektivität und Subjektivität

An der Börse generell und auch im Bereich des ethisch/nachhaltigen Anlegens sind Subjektivität und Objektivität ganz wesentliche Begriffe. Für den Investor ist es generell höchstgefährlich, die objektive Sichtweise auf die Dinge zu verlieren. Die Bewertung der Unternehmen, sei es nach finanziellen oder extrafinanziellen Kriterien, soll nicht durch eigene Meinungen oder Vorlieben beeinflusst sein. Jegliche Art von Analyse oder Research muss möglichst objektiv erfolgen.
Im Bereich des ethischen/nachhaltigen Investments ist es vor allem die ethische Komponente, die eine moralische und subjektive Ebene enthält. Ethisch motivierte Ausschlusskriterien wie Waffen oder Glückspiel sind oft diskussionswürdig. Fondsanbieter versuchen dieses Problem aber durch das Einschalten oder die Integration von objektivierenden Instanzen – wie Ethik-Beiräten – zu relativieren. Dazu mehr später in diesem Kapitel.

Im Unterschied dazu steht aber die Wertsteigerung von Sachgütern, wie sie Aktien, aber auch Immobilien und Rohstoffe darstellen. Islamkonforme Anleger können außerdem auch Dividenden aus ihren Aktienengagements vereinnahmen. Allerdings gibt es auch bei Aktien gewisse Einschränkungen. Der Anteil des Zinsertrags am Bilanzgewinn des Unternehmens sollte eher gering sein. Scharia-Fonds setzen hier oft eine Obergrenze von fünf Prozent an.

Was Ausschlüsse betrifft, so verbietet der Koran Investoren, Geld aus Geschäften mit dem Verkauf von Alkohol, Tabakwaren, Schweinefleischprodukten, Pornografie und Spielsucht zu verdienen. Immobilien, die langfristig an Schlachtereien, Sex-Shops, Spielhallenbetreiber, Spirituosen- oder Tabakläden vermietet sind, kommen ebenfalls nicht in Frage.

Über schariakonforme Geldanlagen wacht oft ein sogenanntes Scharia-Komitee. Das Komitee prüft die Einhaltung der Regeln und setzt sich aus profunden Kennern des Islam zusammen.

Zum Schluss sei angemerkt, dass es auch Möglichkeiten gibt, das Zinsverbot zu umgehen, etwa in Form von Disagio-Darlehen. Dabei wird lediglich die Summe ausgezahlt, die zur Finanzierung tatsächlich benötigt wird. Ein Teil der Gesamtsumme wird vom Zinsgeber einbehalten als Zinsvorauszahlung oder Darlehensgebühr. Der dann am Ende der Laufzeit zurückzuzahlende Gesamt-Kreditbetrag fällt entsprechend höher aus. Im Darlehensvertrag wird das Wort „Zins" niemals erwähnt.

Info-Box

Investmentuniversum

Das Investmentuniversum ist die Summe aller möglichen Investments eines Fonds. Der Fondsmanager wählt die attraktivsten Aktien aus dem Universum für seinen Fonds aus. Beschränkungen im Universum können sich ergeben durch einen regionalen Fokus (Asienfonds), durch eine Größenbeschränkung (Small Cap Fonds), durch sonstige Charakteristika (nur Wachstumsaktien) oder durch Anwendung eines Nachhaltigkeitsfilters. Ein derartiger Filter kann auf Kriterien – also Ausschlüssen oder Positivkriterien – basieren oder auch auf relativen Bewertungen der Nachhaltigkeit (Best-in-Class).

Scharia-Fonds und Ethik-Fonds werden oft verglichen und weisen auch eine Reihe von Parallelen auf. Allerdings ist das Konzept der Ethik-Produkte um einiges flexibler. Während Scharia-Fonds mit dem Hintergrund der religiösen Regeln bei Ausschlüssen – und zwar von Assetklassen und Branchen – keine Diskussionen zulassen, ist die Situation bei Ethik-Fonds nicht ganz so eindeutig. Durch diese Konsequenz bei den Kriterien basiert die Investition in Scharia-Fonds aber auch auf einem noch stärker eingeschränkten Investmentuniversum als dies bei Ethik-Fonds der Fall ist. Die Auswahlmöglichkeit für den Fondsmanager ist also noch weiter reduziert.

	Scharia-Fonds	Ethik-Fonds
Basis und Hintergrund	Vorgaben der islamischen Religion	Ethische Zielsetzungen und Bedenken, zum Teil mit religiösem Hintergrund
Ausschlüsse bei konventionellen Assetklassen	Geldmarkt, Anleihen	keine

Ausschlüsse von Branchen	Zwangsweise vorgegeben: Alkohol, Tabak, Schweinefleischprodukte, Pornografie, Glückspiel	Oft vorzufinden: Waffen, Tabak, Alkohol, Abtreibung, Pornografie, Glückspiel
Beirat	Obligatorisch	Oft vorhanden
Reduktion des Anlageuniversums bei Aktien	Umfangreich	Je nach Ausgestaltung

Abbildung: Scharia-Fonds und Ethik-Fonds

Kritik des ungezügelten Kapitalismus – unternehmerische Verantwortung/CSR

Die Meinung der hart gesottenen Kapitalisten beinhaltet, dass Unternehmen nur die eigene Gewinnerzielung zum Wohle der Aktionäre im Visier haben sollen. Interessanterweise hat Nobelpreisträger Milton Friedman erst 1970 in seinem bekannten Artikel „The Social Responsibility of Business Is to Increase Its Profits" argumentiert, dass *„die einzige Verantwortung, die der Wirtschaft und Unternehmen zugeschrieben werden kann, in Richtung einer Erhöhung des Profits gerichtet sein muss"*. Diese althergebrachte und extreme Haltung ist aus heutiger Sicht nicht mehr gültig. Im Gegensatz dazu geht die Idee der unternehmerischen Verantwortung oder CSR (Corporate Social Responsibility) davon aus, dass Unternehmen mehr tun müssen, als sich allein auf wirtschaftliche Aspekte zu beschränken.

Info-Box

CSR

Der Begriff der unternehmerischen Verantwortung oder CSR beschreibt den freiwilligen Beitrag der Wirtschaft zur nachhaltigen Entwicklung, der über die gesetzlichen Forderungen hinausgeht. Dabei geht es um verantwortliches unternehmerisches Handeln in der eigentlichen Geschäftstätigkeit oder im Markt, um ökologisch relevante Aspekte bis hin zu den Beziehungen zu Mitarbeitern, Arbeitsplatz und den Austausch mit den relevanten Stakeholdern/Anspruchsgruppen.

Die unterschiedlichen Dimensionen der unternehmerischen Verantwortung lassen sich auf der sogenannten CSR-Pyramide schön darstellen.

Diese Pyramide zeigt die theoretisch möglichen unterschiedlichen Ebenen und Verantwortungsbereiche, die ein Unternehmen erfüllen oder auch nicht erfüllen kann. Neben den ökonomischen und legistischen gibt es dabei auch noch ethische und philanthropische Verantwortungsbereiche.

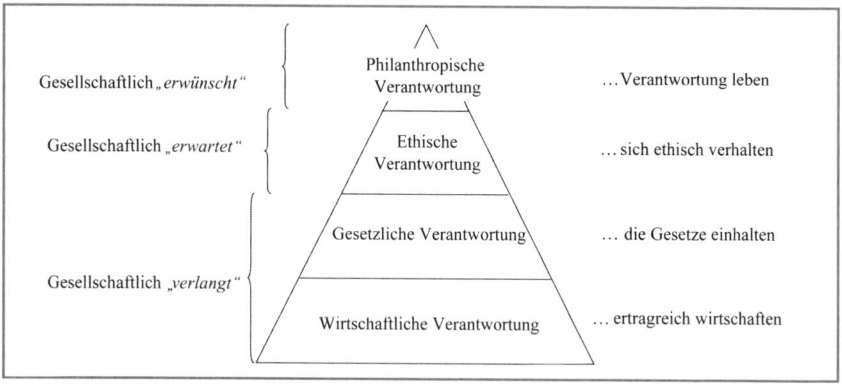

Abbildung: Die CSR-Pyramide

Die verschiedenen Höhenstufen der Pyramide bilden ab, was gesellschaftlich verlangt, erwartet oder erwünscht ist. Die ökonomische und rechtliche Seite sind dabei eigentlich eine Grundvoraussetzung für den Unternehmensbestand. Ohne wirtschaftlichen Erfolg und die Beachtung der Gesetze kann das Unternehmen nicht überleben. Beide Komponenten sind damit als „verlangt" zu bewerten.

Was die ethische Seite betrifft, so erwartet eine breite Schicht in der Bevölkerung, dass Unternehmen in diesem Bereich Initiativen setzen. Die Übernahme von Verantwortung über das gesetzliche und ökonomische Mindestmaß hinaus ist also gesellschaftlich „erwartet". Wenn wir nun an Stiftungen und andere philanthropische Aktivitäten denken, so ist hier am wenigsten Druck auf das Unternehmen zu erwarten. Derartige Maßnahmen mögen gesellschaftlich „erwünscht" sein, aber nicht mehr.

Beispiel: Kultursponsoring

Soll ein Unternehmen junge Künstler vor Ort fördern, soll es in Kunst investieren, diese im Land halten und Kunstsinnigen in eigenen Museen zugänglich machen? Kultursponsoring hat zwei Seiten: Zum einen steckt dahinter die Überzeugung, dass Geld allein nicht alles sein kann und die Kunst in unserer Gesellschaft eine wichtige Rolle spielt und auch spielen sollte. Zum anderen kann sich ein Unternehmen durch Kultursponsoring aber auch einen guten Namen machen und an seinem Image arbeiten, um seine Produkte besser verkaufen zu können. Kultursponsoring kann somit philanthropisch, aber auch durchaus ökonomisch motiviert sein.

Zurück zu den vier Ebenen der CSR-Pyramide: Aus Sicht der nachhaltigen Geldanlage sollten Unternehmen zumindest drei Arten von Verantwortung akzeptieren und befolgen – die ökonomische, die rechtliche und die ethische. Die Berücksichtigung dieser Dimensionen sichert einen langfristigen Erfolg des Unternehmens ab. Die Rechtfertigung von rein philanthropischen Initiativen ist auch aus nachhaltiger Sicht erst im Detail zu beurteilen.

Gibt es aber handfeste Gründe, warum Unternehmen nachhaltig und verantwortungsvoll agieren sollten? Einerseits sind einige operative Vorteile und Chancen ableitbar, andererseits ist auch das Thema der Vermeidung von Risiken ganz wesentlich. Neun gute Gründe sprechen aus Unternehmenssicht – und zwar aus ertragsorientierter Sicht – für die Berücksichtigung extrafinanzieller Aspekte:

1) Die Möglichkeit einer Risikoreduzierung, zum Beispiel bei der eigenen Vermeidung von Umweltverschmutzung oder bei langfristigen Kontakten zu Vorlieferanten
2) Die Antizipation von Entwicklungen, wie etwa einer restriktiveren Gesetzgebung
3) Das Thema Kostenreduktion über weniger Material- oder Energieaufwand
4) Die Nutzung neuer Produktchancen mit „grünen" Produkten
5) Die engere Bindung der Kunden, wenn diese dem Unternehmen umfangreiches Vertrauen entgegenbringen
6) Die Verbesserung des Image des Unternehmens, wenn es konfliktfrei agiert
7) Die Konfliktvermeidung mit Stakeholdern und NGOs, weil Konflikte dem Ansehen des Unternehmens schaden könnten
8) Erleichterung des Umgangs mit gesetzlichen Vorschriften und Konflikten wegen der höheren Sensibilisierung
9) Die verbesserte Motivation von Mitarbeitern, wenn deren Zufriedenheit steigt

Beispiel: Operative Vorteile durch Nachhaltigkeit

Manchmal lassen sich auch mehrere operative Vorteile durch eine Maßnahme vereinen. Dazu noch ein Beispiel aus der Ölbranche. Man denke an die Tankerflotte der Ölmultis. Hier gibt es einfache und doppelwandige Konstruktionen. Durch den Einsatz von doppelwandigen Tankern können Ölkonzerne gleich mehrere Fliegen mit einer Klappe schlagen. Sie können Umweltrisiko reduzieren, Konflikte mit NGOs vermeiden und außerdem möglicherweise strengeren gesetzlichen Regelungen zuvorkommen. Havarien von Tankern wie Exxon Valdez in Alaska in 1989 kosten Geld und schaden dem Image des Unternehmens möglicherweise über Jahrzehnte. Zur Erinnerung: Die Exxon Valdez verursachte eine der schlimmsten Fälle von Ölpest in der Geschichte. Der Besitzer des Schiffes, der Ölmulti Exxon, musste letztendlich 2,5 Mrd. US-Dollar Bußgeld bezahlen.

Unternehmerische Verantwortung bedeutet auch, dass Unternehmen Pflichten haben, die mit jenen eines „guten Bürgers“ gleichzusetzen oder zumindest vergleichbar sind. Daher besteht für Unternehmen das Prinzip der unternehmerischen Bürgerpflichten, das im Englischen als Corporate Citizenship bezeichnet wird.

Info-Box

Corporate Citizenship

Das Prinzip des Corporate Citizenship sieht Unternehmen als soziale Gebilde, die nur durch die Gesellschaft existieren können und denen die Gesellschaft auch Einschränkungen auferlegen kann. Es entsteht so etwas wie ein Vertrag zwischen Gesellschaft und Unternehmen, der die Erwartungen für das Verhalten des Unternehmens festlegt.

Das Meinungsbild über Unternehmen, und zwar vor allem von großen und weltweit tätigen Unternehmen, ist bei vielen Menschen eher negativ ausgeprägt. Es zeigt sich, dass etwa NGOs im Vergleich dazu offenbar einen Vertrauensvorschuss genießen. Einer zur Jahrtausendwende 1999 durchgeführten, weltweiten Umfrage zufolge sind rund 70 Prozent der Bevölkerung der Meinung, dass NGOs im Interesse der Gesellschaft handeln. Auch bei religiösen Organisationen ist das Bild positiv, hier glauben noch fast zwei

Drittel an eine positive Wirkung. Unternehmen werden jedoch – wie übrigens auch Regierungen – nicht so gut beurteilt. Überspitzt formuliert sind den Menschen also sowohl Kapitalisten als auch Politiker eher suspekt. In beiden Fällen liegt das Vertrauen bei deutlich unter 50 Prozent.

Wie bereits gezeigt, haben Unternehmen Verantwortung gegenüber der Gesellschaft und gegenüber ihren Stakeholdern. Sie nehmen diese auch in zunehmendem Maße wahr. Dasselbe Prinzip gilt aber auch für Investoren. Es kann nicht egal sein, woher die Verzinsung des Kapitals kommt und welche Aktivitäten damit finanziert werden.

Beispiel: Pensionsgelder und Waffenproduktion
Im Jahr 2007 wurde die Debatte über Investment ohne Verantwortung recht angeregt geführt. Und zwar wurde in den Niederlanden entdeckt, dass die Mehrzahl der Pensionskassen – darunter auch die Marktführer, die sich nachhaltigen Themen gegenüber sonst durchaus aufgeschlossen zeigen – auch in Rüstungsaktien investiert hatten, die etwa Landminen herstellen. Der Aufschrei in der Bevölkerung war groß, die Investments wurden beendet. Ähnliche Argumente und Kampagnen sind für viele Länder dieser Erde möglich. Auch gibt es viele weitere publizitätswirksame Themen, die sich neben Waffen eignen würden, wie etwa Kinderarbeit oder Tabak.

Investoren, Unternehmen und Stakeholder bilden quasi ein „Dreieck der wirtschaftlichen Verantwortung“. Verantwortungsvolle Investoren, verantwortungsvolle Unternehmen und alle Stakeholder beeinflussen einander gegenseitig. Investoren können einen aktiven Dialog (Engagement-Strategie) führen und Unternehmen von nachhaltigen Zielsetzungen überzeugen.

Andererseits ist es auch denkbar, dass Unternehmen von sich selbst aus beginnen, an ihrer CSR-Strategie zu arbeiten und diese an ihre Investoren zu kommunizieren. Prinzipiell gibt es unter den Investoren und Unternehmen also vier Parteien – die nachhaltig überzeugten Investoren und die traditionellen Investoren sowie die nachhaltig überzeugten Unternehmen und die Unternehmen, die konventionell wirtschaften. Nachhaltige Investoren können konventionelle Unternehmen überzeugen, nachhaltige Unternehmen traditionelle Investoren.

Info-Box

Engagement

Engagement – das Wort wird englisch und nicht französisch ausgesprochen, sprich also „ingeetschment" – bezeichnet den aktiven Dialog des Anlegers mit dem Unternehmen. Dieser kann über informelle Gespräche (Soft Engagement) oder formelle Kanäle in Form von Abstimmungen (Voting) bei Hauptversammlungen erfolgen. Was die bessere Erfolgschance hat, hängt von der spezifischen Situation ab. Wenn die Variante des „Soft Engagements" keine Früchte trägt, besteht die Möglichkeit, auf das Unternehmen publizitätswirksam durch Stimmrechtsausübung (Voting) bei der Hauptversammlung einzuwirken. Aktivismus ist eine auf Öffentlichkeitswirksamkeit ausgerichtete Art des Engagements und wird unter anderem gerne von NGOs angewendet.

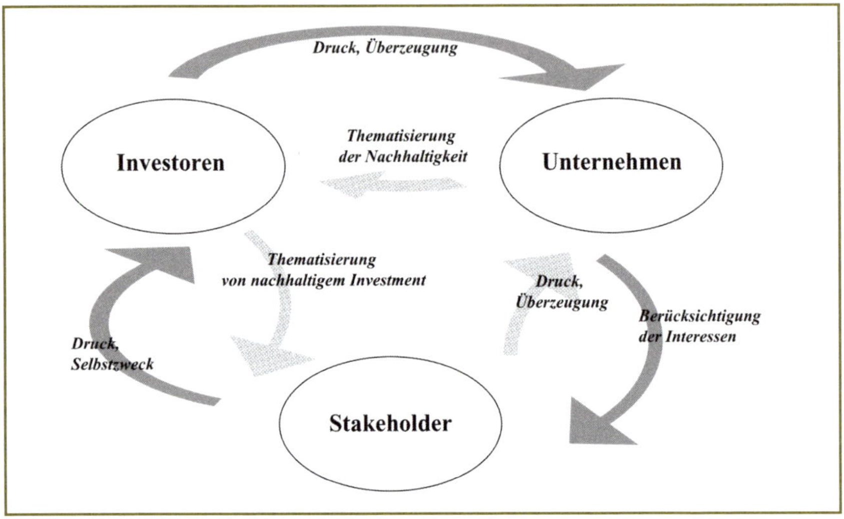

Abbildung: Investoren, Unternehmen und Stakeholder

Nachhaltige Investoren kommunizieren mit Unternehmen. Der Dialog wird geführt, um Defizite und Verbesserungen zu besprechen. Engagement ist ein eigener Stil im Bereich nachhaltiger Geldanlage. Manche Fondsmanager setzen auf keinerlei Kriterien oder Best-in-Class-System (siehe dazu Seite 98), sondern suchen nur den Kontakt zum Unternehmen und versuchen, im Sinne einer nachhaltigen Unternehmenspolitik auf das Unternehmen einzuwirken.

Die Möglichkeiten der Beeinflussung von Unternehmen durch die Investoren steigen natürlich mit dem Umfang derjenigen Mittel, die von verantwortungsvollen und nachhaltigen Investoren verwaltet werden. Jeder zusätzliche Euro erhöht somit die Chance, Unternehmen von der Berücksichtigung sozialer und umweltorientierter Themen zu überzeugen oder zu überreden. Fachleute schätzen, dass es ab einem Anteil von einem Viertel – das heißt, wenn ein Viertel aller Investments in Nachhaltigkeitsprodukten getätigt wird – wirklich „ernst“ würde für die Unternehmen.

Beispiel: Der überzeugende Fondsmanager Gustav Gibacht
Gustav Gibacht ist seit mittlerweile zwanzig Jahren im Fondsmanagement tätig. Er kennt vor allem im Inland, aber auch im nahe gelegenen Ausland, eine Vielzahl von Topmanagern und Unternehmensvertretern. Gustav Gibacht versucht, die Unternehmen, welche sich in seinem Portfolio befinden, regelmäßig auf aktuelle Trends und Entwicklungen hinzuweisen und sie so zu unterstützen. In letzter Zeit hat er die Bedeutung extrafinanzieller Themen im Bereich Umwelt und Soziales erkannt. Dementsprechend versucht er bei formellen und informellen Treffen, diese Aspekte aufzuzeigen und die Unternehmen zu deren Berücksichtigung zu überzeugen oder zu überreden.

Dabei darf nicht vergessen werden, wer hinter den vermeintlichen Großinvestoren steht. Es sind in der Regel nicht Finanzmagnaten oder Großkapitalisten. Großinvestoren oder institutionelle Investoren verwalten meist fremde Gelder. Diese Gelder stammen wiederum von Vorsorgeeinrichtungen oder Investmentfonds. In beiden Fällen stehen Privatinvestoren, künftige Pensionisten oder Menschen, die sich bereits im Ruhestand befinden, hinter den zu investierenden Summen.

Beispiel: Bewusste und unbewusste Investments
Wer Aktien kauft und verkauft, ist laufend mit der Frage konfrontiert, warum er welches Papier kauft oder verkauft. Andere Investments sind da nicht so „bewusst“. Man denke etwa an eine Lebensversicherung. Auch hinter der Polizze einer Lebensversicherung stehen Geldanlagen. Diese können nachhaltig sein oder konventionell. Dasselbe gilt für Pensionsfonds und andere Vorsorgeinstrumente, die man „halt hat“. In allen diesen Fällen gibt es aber die Möglichkeit nachzufragen, wie mit dem Thema Verantwortung umgegangen wird.

Es besteht eine interessante Wechselbeziehung zwischen Privatinvestoren, institutionellen Anlegern, Unternehmen und deren Arbeitnehmern. Denn die Arbeitnehmer sind oft selbst Investoren – direkt in der Form von Mitarbeiterbeteiligungen, durch Erwerb von Einzelaktien oder durch Kauf von Investmentfonds. Andererseits sind viele Menschen über Pensionsfonds im Wechselkreis enthalten, ohne auf das System selbst direkt Einfluss zu haben. Versuchen nun die Unternehmen höhere Gewinne zu erzielen, um ihren Profit und damit die Aktienkurse zu erhöhen, so kann das die Anleger doppelt beeinflussen. Einerseits werden möglicherweise ihre Geldanlagen oder Vorsorgepläne mehr wert sein, andererseits könnte sich das Unternehmen zu Personaleinsparungen gezwungen sehen und der Anleger seinen Job verlieren.

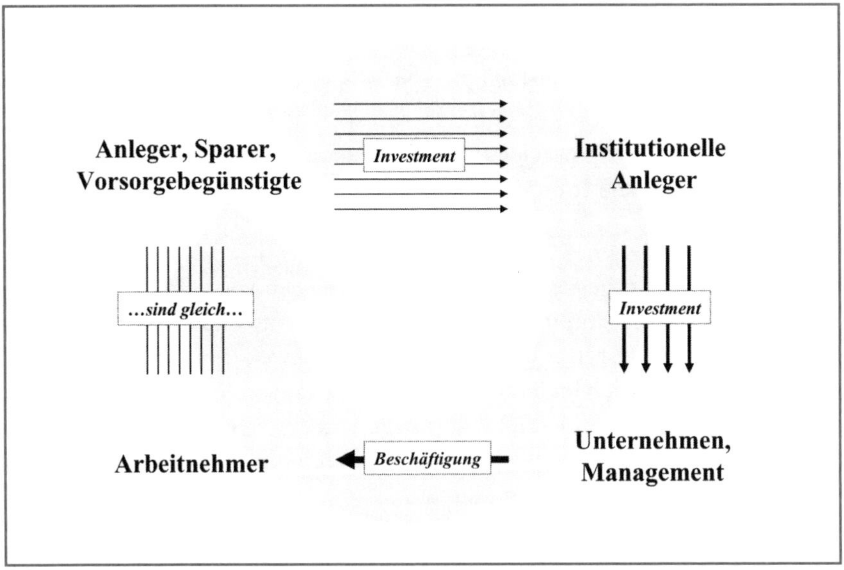

Abbildung: Wechselkreis des Investments

Beispiel: Der „reiche" Arbeitslose Harald Hausmann

Harald Hausmann war im Bereich Kundenbetreuung eines Telekomunternehmens beschäftigt. Vor einigen Jahren wurde die Abteilung in „Call Center" umbenannt. Vor einigen Monaten erhielt Herr Hausmann dann die schlimme Nachricht. Sein Arbeitsplatz würde eingespart, er wäre einfach „zu teuer". Das ganze Call Center wurde nach Indien ausgelagert. Damit konnte das Unternehmen seine Profite und Rentabilität weiter verbessern. Harald Hausmann war dem Unternehmen gegenüber immer sehr positiv eingestellt, deshalb hat er auch bei Mitarbeiteraktien-Aktionen mitgemacht. Er besitzt also Aktien seines ehemaligen Arbeitgebers, und zwar einerseits direkt wie auch in Fondsanlagen und seiner Pensionskasse. Das heißt, dass Harald H. wohl über den hoffentlich erfolgenden Kursanstieg der ach so rentablen Telekomunternehmung profitieren wird. Ob dies aber genug sein wird, um ihm sein verlorenes Gehalt zu kompensieren, bleibt sehr fraglich.

Unternehmen in der Privatwirtschaft sind auf Gewinnerzielung gerichtet. Das gilt für nachhaltig orientierte und nicht nachhaltig orientierte Unternehmen gleichermaßen. Dennoch sollte die Gewinnmaximierung nachhaltig korrekt erzielt werden.

Theoretisch kann das Management eines Unternehmens den Gewinn auf operativer Ebene auf zwei verschiedene Arten beeinflussen. Einerseits durch die Veränderung des Umsatzes des Unternehmens – also durch Veränderungen der abgesetzten Menge und/oder der Preisgestaltung –, und andererseits durch Änderung der Kostenfaktoren.

Die Abbildung auf Seite 86 zeigt nachhaltige Kriterien für Unternehmen im operativen Geschäft. Auf der Ebene Umsatz zählen dazu die Vermeidung von ungesetzlichen und den Wettbewerb verzerrenden Methoden und generell ein fairer Umgang mit der Konkurrenz. Der Fokus auf die Qualität der Produkte sichert die nachhaltige – diesmal im Sinne von langfristige – Beziehung zum Kunden. Auf der Kostenseite sind die Rechte der Stakeholder zu berücksichtigen. Mitarbeiter können im Fall von Rationalisierungen und Stellenabbau oder bei im Vergleich zur Branche unterdurchschnittlichen Lohnniveaus betroffen sein. Auch die Einkommensverteilung im Unternehmen selbst ist ein wichtiges Thema. Die Gesellschaft ist von Produktionsverschiebungen in Billiglohnländer oder im Fall von Steueroptimierungen betroffen.

Steueroptimierungen, wie im Fall der Verlagerung von Unternehmenssitzen oder das Nutzen von Steueroasen, führen dazu, dass der öffentlichen Hand unfairerweise Mittel für die Erhaltung der Infrastruktur oder auch die Finanzierung sozialer Agenden fehlen. Und das oft obwohl sich eigentlich de facto keine Änderungen ergeben und die Unternehmensstandorte samt Mitarbeitern dieselben bleiben.

Beispiel: Die Egalwo AG und der Standortwettbewerb
Das Unternehmen Egalwo entstand vor drei Generationen und umfasste zunächst einige Fabriken entlang des Rheins. Heute umfasst der Konzern auch kleinere Fertigungsstätten in Osteuropa. Nachdem vor einigen Jahren der Juniorchef die Führung des Unternehmens übernommen hat, wurde eine Neuorientierung eingeleitet. Ertragsoptimierung ist nunmehr angesagt. Wegen der tieferen Unternehmenssteuern wurde der Unternehmenssitz ins Baltikum verlegt. Dort zahlt Egalwo weniger Gewinnsteuern, der Großteil der sozialen Kosten für die Mitarbeiter fällt aber nach wie vor am Rhein an. Das heißt, dass Steuerabgaben und Transferleistungen in unterschiedlichen Ländern anfallen. Das Land am Rhein wird so zum Verlierer, der baltische Staat zum Gewinner.

Schließlich sind auf der Kostenseite durch Energieeinsparungen und Umweltprojekte Fortschritte erzielbar. Die ökologische Ausrichtung ist hier am schnellsten im positiven Sinne ergebniswirksam – das heißt, sie erhöht den Unternehmensgewinn.

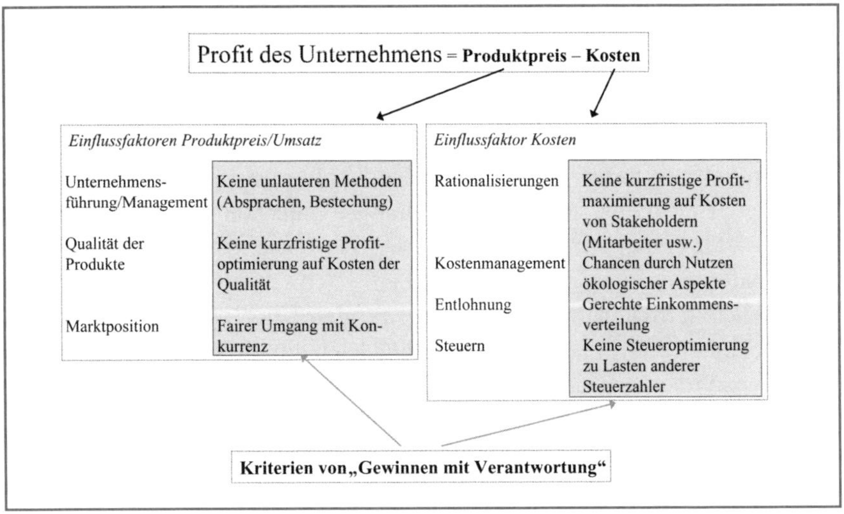

Abbildung: Nachhaltige Unternehmen und „saubere Gewinne“

Wie sehen nun nachhaltige, ökologische oder „grüne“ Produkte im Detail aus? Hierzu gibt es mehrere Ansätze. Erstens kann das Unternehmen mit seiner Produktpalette Branchenleader im Hinblick auf die nachhaltige Produktgestaltung (Lebensdauer und Nutzungseffizienz, Recyclingfähigkeit usw.) sein. Zweitens sind solche Produkte und Dienstleistungen aus nachhaltiger Sicht besonders interessant, die einen wesentlichen Beitrag zur ökologisch und sozial nachhaltigen Lösung zentraler Menschheitsprobleme leisten (Transport, Gesundheit usw.). Drittens kann der gesuchte Produzent Branchenleader im Hinblick auf die soziale Gestaltung des Produktions- und Arbeitsprozesses (z.B. Schaffung von Ausbildungs- und Arbeitsplätzen, Sicherheit am Arbeitsplatz, besondere Sozialleistungen usw.) sein. Und schlussendlich sind Branchenleader im Hinblick auf die technische Gestaltung des Produktions- und Arbeitsprozesses (z.B. Minimierung des Energie- und Rohstoffverbrauchs, Umweltverträglichkeit usw.) besonders interessante Themen.

Erfreulicherweise zeigt sich, dass Unternehmen am Thema Nachhaltigkeit zunehmend interessiert sind. Studien – wie etwa eine Befragung aller börsennotierten Gesellschaften in Deutschland aus dem Jahr 2003 – belegen, dass

- Unternehmen an generell positive Effekte durch Verfolgung nachhaltiger Prinzipien glauben,
- ein Zusammenwirken zwischen der Qualität des Gesamtmanagements und der Sozial- und Umweltperformance angenommen wird,
- die Aufnahme in einen Nachhaltigkeitsfonds oder -index als wichtiges Ziel des Unternehmens gesehen wird,
- Unternehmen immer häufiger Anfragen bzw. Fragebögen zu sozialen und ökologischen Aspekten erhalten,
- Unternehmen dem Thema „nachhaltige Entwicklung“ für die zukünftige Unternehmensentwicklung in der Regel eine hohe Bedeutung beimessen,
- viele Unternehmen bezüglich „Nachhaltigkeit“ bereits Maßnahmen gesetzt haben oder diese zumindest vorbereiten.

Beispiel: Die Nachhaltigkeitsstrategie von Henkel
Henkel belegte im Jahr 2007 den zweiten Platz beim Good Company Ranking – und das unter den 120 größten Unternehmen Europas. Nach den Aussagen der Jury zeichnet sich das Unternehmen durch „erfolgreiche Per-

sonalpolitik und zukunftsgerichtetes ökologisches und soziales Engagement aus, das sich positiv auf die Unternehmensführung und Profitabilität niederschlägt". Ein aktuelles Beispiel für nachhaltige Produkte im Konzern ist die Einführung kompakter Universalwaschmittel in Mittel- und Osteuropa – und zwar im Rahmen des Laundry Sustainability Project des internationalen Wasch- und Reinigungsmittel-Verbands. Durch die Optimierung der Rezeptur konnte die nötige Dosiermenge pro Waschgang um ein Drittel gesenkt werden.

Ein reibungsloser und verantwortungsvoller Ablauf im Unternehmen - Corporate Governance

In der Nachhaltigkeitsdiskussion darf ein weiterer englischer Begriff nicht fehlen. Es handelt sich dabei um die Corporate Governance. Die Übersetzung des Begriffes ins Deutsche ist nicht ganz einfach. Generell geht es beim Thema Corporate Governance um die „Unternehmensverfassung". Richtlinien für die Corporate Governance eines Unternehmens versuchen, die Interessen von drei Gruppen besser aufeinander abzustimmen – und zwar jene des Managements, des Aufsichtsorgans und der Kapitalgeber.

Info-Box

Corporate Governance

Die Corporate Governance eines Unternehmens umfasst Methoden und Instrumente zur Leitung und Überwachung. Sie schließt die Gesamtheit aller internationalen und nationalen Werte und Grundsätze für eine gute und verantwortungsvolle Unternehmensführung mit ein. Daher ist eine Nähe zum Thema Nachhaltigkeit durchaus gegeben.

Corporate Governance wird heute anders verstanden als noch vor fünf bis zehn Jahren. Denn die Dimension der Shareholder als Teil des Systems wird immer häufiger durch den weiteren Begriff der Stakeholder ersetzt und neu interpretiert. Das alles vor dem Hintergrund, dass mit einer guten Corporate Governance schließlich eine verantwortliche, auf die Schaffung von Werten ausgerichtete Leitung und Kontrolle von Unternehmen sichergestellt werden soll.

Beispiel: Vorstandsgehälter und das „Abschieben in den Aufsichtsrat"
Zu den großen Themen der Corporate-Governance-Diskussion gehört unter anderem die Veröffentlichung der Vorstandsgehälter oder im deutschsprachigen Raum auch die Besetzung des Aufsichtsrats. In beiden Zusammenhängen gab es in den letzten Jahren einige Kritik seitens der Aktionäre. Shareholder haben ein Recht darauf, zu wissen, wie das oberste Management entlohnt wird. Dabei geht es nicht um eine Neidgesellschaft, sondern um Transparenz. Im Bereich des Aufsichtsrates sollte man sich daran erinnern, warum er eigentlich existiert. Es geht um eine objektive Prüfung des Managements des Unternehmens. Speziell in Deutschland entbrannte in diesem Zusammenhang eine Diskussion um die oft beobachtete Praxis, scheidende Vorstände in den Aufsichtsrat zu überstellen. Genau diese Maßnahme kann aber eine wirksame Überwachung in Frage stellen. Der Aufsichtsrat würde in diesem Fall nämlich auch die Folgen der von ihm seinerzeit getroffenen Entscheidungen überwachen.

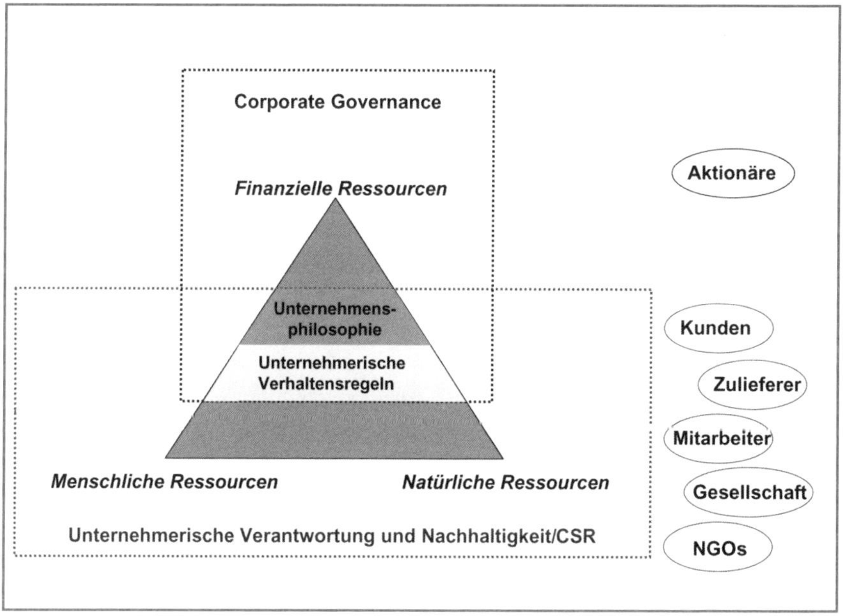

Abbildung: Corporate Governance und CSR

Sowohl Corporate Governance als auch die unternehmerische Verantwortung (CSR) wollen verbesserte Transparenz bewirken. Im Fall der Corporate Governance dreht es sich um finanzielle Transparenz, im Fall von CSR um geschäftspolitische Transparenz. Das Ziel von CSR ist im Gegensatz zur Corporate Governance nicht die finanzielle, sondern die ökologische und soziale Kontrolle durch die Stakeholder.

Info-Box

Transparenz

Unternehmen werden angehalten, Informationen über wesentliche Entwicklungen an interne und externe Adressen weiterzugeben. Die Basis für diese Weitergabe sind einerseits Gesetze und andererseits das Anerkennen von Ansprüchen auf Information durch Anspruchsgruppen. Die Transparenzdiskussion zielt sowohl auf die rasche als auch auf die ausreichende Weitergabe von Information ab.

Corporate Governance und CSR haben zum Teil ähnliche oder überlappende Inhalte. Dabei sind vor allem die Philosophie des Unternehmens und die unternehmerischen Verhaltensregeln (Corporate Conduct) gemeint. Zur Regelung des unternehmerischen Verhaltens wird meist ein Code of Conduct im Unternehmen erlassen. Wie oben bereits erwähnt, liegt also der Unterschied von Corporate Governance zu CSR vor allem darin, dass Corporate Governance den rein finanziellen Teil des Unternehmens mit einschließt.

Info-Box

Code of Conduct

In einem Code of Conduct werden die gemeinsamen Werte und Verhaltensregeln, die im Unternehmensalltag gelebt werden sollen, festgelegt. Ein Beispiel wäre die Chancengleichheit bei Stellenbesetzungen und innerbetrieblichen Aufstiegsmöglichkeiten sowie der respektvolle Umgang der Menschen im Unternehmen miteinander. Codes of Conduct haben in anglo-amerikanischen Ländern eine lange Tradition und werden auch vermehrt von Unternehmen im deutschsprachigen Raum als hilfreiche und nützliche Werkzeuge entdeckt. Sie können zur Verbesserung des Betriebsklimas und damit der Produktivität beitragen.

Wer kauft die Nachhaltigkeitsfonds? - Verantwortungsvolle Investoren und Nachfrage

Was bringt Anleger dazu, sich nach nachhaltigen Finanzprodukten umzusehen? Im Wesentlichen sind zwei Gründe zu unterscheiden. Einerseits ist da der Glaube an die Sinnhaftigkeit nachhaltiger Entwicklung, also quasi eine „grüne Einstellung". Auf der anderen Seite kann auch die Wertentwicklung der Anlageprodukte selbst ein wesentlicher Grund sein.

Info-Box

Investorentypen

Investoren werden nach unterschiedlichen Kriterien eingeteilt. Auf der einen Seite werden Privatinvestoren, die für das eigene Portfolio agieren, und auf der anderen Seite institutionelle Investoren, die für Institutionen wie Pensionskassen oder Versicherungen kaufen und verkaufen, unterschieden. Andere Einteilungen zielen auf die Strategie der Anlage bezüglich Dauer (Kurzfrist- und Langfristinvestoren) und das eingegangene Risiko im Vergleich zum Gesamtmarkt (aktive und passive Investoren) ab. Und schließlich ist die Unterscheidung zwischen konventionellen und nachhaltigen Investoren nicht zu vergessen.

Sind Kleinanleger eher geneigt, nachhaltig zu denken als institutionelle Investoren? Die Erfahrung zeigt, dass dies eigentlich nicht der Fall ist. Bisher kommt das Interesse an nachhaltigen Geldanlagen vor allem von der Seite der institutionellen Investoren. Das geringe Interesse der Kleinanleger kann dadurch erklärt werden, dass neue Trends in der Geldanlage zu Beginn fast immer zunächst von den „Großen" erkannt werden, während die „Kleinen" erst später folgen. Außerdem könnte das, wie später noch gezeigt werden soll, ungerechtfertigte Vorurteil einer Minderperformance bei Privatanlegern noch vorhanden sein. Institutionelle Anleger haben sich in diesem Zusammenhang längst eines Besseren belehren lassen.

Ein weiterer Grund für die geringe Verbreitung nachhaltiger Anlageprodukte bei Privatkunden sind die Vertriebssysteme der Finanzdienstleister. Diese forcieren das Thema „Nachhaltigkeit" meist nicht oder verhalten sich passiv.

Beispiel: Der typische nachhaltige Privatinvestor
Interessanterweise haben Umfragen gezeigt, dass der typische nachhaltige Investor weiblich und 30 bis 39 Jahre alt ist. Außerdem sind eher solche Frauen für nachhaltiges Investment zu begeistern, die einer höheren Einkommensklasse zuzuordnen sind und die eine vergleichsweise überdurchschnittliche Ausbildung genossen haben.

Auch gesetzliche Regelungen beeinflussen den Markt für nachhaltige Geldanlagen. Manchen Institutionen werden nachhaltige Investitionen zwar nicht im Detail vorgeschrieben, es besteht aber eine sogenannte Berichtspflicht. Mit derartigen Regelungen sind viele Vorsorgeprodukte in Europa ausgestattet. Die Entwicklung begann im Jahr 1995 mit den Pensionskassen in Großbritannien und wurde seither in vielen Ländern in Kontinentaleuropa kopiert (siehe auch Kapitel 4).

Generell sind bei der Nachfrage nach nachhaltigen Anlageprodukten zwei Produktgruppen zu unterscheiden. Die erste Gruppe sind klassische Nachhaltigkeitsprodukte. Diese bilden den Großteil der Branche des Aktienmarktes im Portfolio ab. Die zweite Gruppe sind nachhaltige Themenprodukte – z. B. für die Bereiche Umwelt, Wasser oder Klimaschutz –, die ein spezielles Thema fokussieren. Der Trend geht nun dahin, dass die Nachfrage der institutionellen Investoren eher in Richtung Nachhaltigkeitsprodukte, die der Privatanleger aber eher in Richtung der einfacher erklärbaren Themenprodukte geht.

Beispiel: Der Kleinanleger Markus Hedlain
Markus Hedlain investiert langfristig, er will aber auch von aktuellen Trends profitieren. Dementsprechend versucht er aktuelle Themen zu berücksichtigen. Markus Hedlain hat viel Stress im Job, daher bleibt nicht viel Zeit für eine detaillierte Analyse. Was er zuletzt aufgeschnappt hat ist, dass die Welt möglicherweise vor dem Klimakollaps steht. Daher hat er einen Klimaschutzfonds in sein Portfolio aufgenommen. Das Thema Nachhaltigkeit ist Markus Hedlain dagegen etwas zu komplex, außerdem hat es ihm noch niemand im Detail erklärt.

	Privatanleger	Institutioneller Anleger
Allgemein		
Anlagevolumen	Niedrig	Hoch
Orientierung an kurzfristiger Performance	Eher niedrig	Eher hoch
Informationszugang	Eher schlecht	Gut
Informationsverarbeitung	Weniger professionell	Professionell
Zeithorizont des Investments	Meist langfristig	Unterschiedlich
Bezüglich nachhaltiger Geldanlage		
Informationsgrad	Meist niedrig	Gut
Druck von Stakeholdern, Gesetzen	Keiner	Unterschiedlich
Bevorzugte Fonds	Themenfonds mit klarem Fokus	Nachhaltigkeitsfonds ohne speziellen Fokus
Positive emotionale Grundhaltung zum Thema	Unterschiedlich	Niedrig
Anstieg in Bekanntheit und Interesse	Hoch	Hoch

Abbildung: Charakteristika privater und institutioneller Investoren

Der Privatinvestor kann sich vollständig der Nachhaltigkeit verschreiben oder das Thema in seinem Portfolio auch nur zum Teil berücksichtigen. Jedenfalls lohnt sich ein Selbstcheck zum Thema Nachhaltigkeit.

Die Suche nach den nachhaltigen Dos und Don'ts – Kriteriologien

Wie setzt der verantwortungsvolle und nachhaltige Investor seine Strategie nun im Portfolio um? Zunächst kann die Verantwortung von Investoren in die Richtung interpretiert werden, dass gewisse Geschäftspraktiken (z.B. Kinderarbeit), Geschäftsbereiche (z.B. Tabak) oder auch Technologien (z.B. Atomkraft) ausgeschlossen werden. Gewisse Aktien dürfen dann nicht ins Portfolio aufgenommen werden. Der Hintergrund dieser Ausschlüsse kann ökologisch, sozial oder ethisch motiviert sein.

Beispiel: Das Ausschlusskriterium Atomkraft
Viele, wenn nicht gar die meisten Nachhaltigkeitsfonds haben das Thema Atomkraft ausgeschlossen. Der Hintergrund ist das mit der Technologie verbundene Restrisiko und die weiterhin ungelöste Frage der Endlagerung des radioaktiven Materials. Ein weiterer Kritikpunkt, der vor allem in den letz-

ten Jahren intensiv diskutiert wurde, ist die Frage, inwieweit Atomkraftwerke Angriffsziele für Terroristen darstellen.
Befürworter der Kerntechnologie führen ins Treffen, dass die Technologie CO_2-freundlich ist, also den Klimawandel nicht weiter vorantreibt. Weiters wird argumentiert, dass Kernenergie eine Möglichkeit bietet, der Abhängigkeit von Öl- und Stromlieferungen aus dem Nahen Osten und Russland einen Riegel vorzuschieben. Das Beispiel zeigt, dass viele Ausschlusskriterien diskussionswürdig sind. Der Anleger muss sich letztendlich sein eigenes Bild machen und entscheiden, was für ihn Verantwortung bedeutet.

Auf der anderen Seite existieren auch sogenannte Positivkriterien. Dabei handelt es sich um durchaus gewünschte Ausprägungen in den investierten Unternehmen. Zu ihnen zählen etwa funktionierende Corporate Governance, niedriger Energie- und Wasserverbrauch, erneuerbare Energien, herausragender Umgang mit Mitarbeitern oder offene, transparente Berichterstattung.

Soziale, ökologische und Ethik-basierte **Kriterien**

1) Kriterien mit sozialem Hintergrund:
Medizinische Grundversorgung, Bestechung und Korruption, Kinderarbeit, Spenden an die Gesellschaft, Corporate Governance, Chancengleichheit, Gesundheit und Sicherheit, Menschenrechte, Arbeitsstandards, Zulieferanten

2) Kriterien mit ökologischem Hintergrund:
Luft- und Wasserverschmutzung, Biodiversität, Klimawandel, Energie, Umweltmanagement, Bergbau, Atomkraft, die Ozonschicht zerstörende Chemikalien, Pestizide, Ressourcenproduktivität, Transport, Tropische Harthölzer, Abfallmanagement

3) Kriterien mit ethischem Hintergrund: Alkohol, Tierversuche, Pelze, Glücksspiel, grüne und rote Gentechnologie, Menschenrechte, Waffen, Atomenergie, Pornografie, Diktaturen, Tabak

Abbildung: Herkunft und Systematik von Kriterien

Wie die Abbildung zeigt, können Kriterien verschiedene Hintergründe haben, wie etwa die soziale, umweltbezogene oder ethische Dimension.

Diese Dimensionen können einander aber auch überschneiden, wie z.B. im Fall der Menschenrechte (sozial und ethisch) oder Atomenergie (ökologisch und ethisch).

Der Weg vom Prinzip der Positivkriterien zu umweltorientierten Themenprodukten ist nicht lang. In den letzten Jahren wurde eine Vielzahl an Investmentfonds und Zertifikaten mit Themen wie Umwelt, Klimaschutz (Climate Change) oder erneuerbare Energien aufgelegt.

Info-Box

Themenfonds und Nachhaltigkeit

Themenfonds zielen oft auf ökologische Themen wie Umweltschutztechnologie oder Wasser ab. Die Portfolios dieser Fonds sind sehr klar auf ein Thema fokussiert und schwanken dementsprechend stärker als diversifizierte Produkte. Andererseits sollten sie langfristig von der Dynamik der Themen überdurchschnittlich profitieren. Umweltschutz und Wasser sind unter anderem wesentliche Inhalte der Nachhaltigkeitsdiskussion. Andererseits sind Themenfonds aber nicht unbedingt auch nachhaltig. Es gibt nämlich eine Menge an Produkten, die außerhalb ihres speziellen Themas keine anderen nachhaltigen Themen – wie etwa soziale Themen – berücksichtigen.

Die Kriteriologie unterschiedlicher Fonds verschiedener Anbieter weicht – zumindest in Teilbereichen – oft voneinander ab. Die Auswahl dieser Kriterien für die jeweiligen Fonds kann durch den Fondsmanager oder die Fondsgesellschaft selbst oder in Zusammenarbeit mit einem Expertenbeirat erfolgen. Die Aufgaben eines derartigen Ethik- oder Nachhaltigkeitsbeirates sind meist eine generelle Einschätzung von Themen und Kritikpunkten, die als Negativ- und Positivkriterien aufgenommen werden können. Auch die Diskussion von Einzelinvestments im Beirat ist möglich.

Beispiel: Arbeitsweise eines Nachhaltigkeitsbeirates
Ein beispielhafter Nachhaltigkeitsbeirat eines Anbieters von nachhaltigen Fonds ist folgendermaßen besetzt: Neben Vertretern der Fondsgesellschaft (die nicht stimmberechtigt sind) sind Vertreter verschiedener Stakeholdergruppen vertreten:

- Umwelt … eine Umwelt-NGO
- Mitarbeiter … ein Mitglied einer gesetzlichen Arbeitnehmervertretung
- Kunden … ein Konsumentenschützer
- Gesellschaft … ein akademischer Vertreter aus dem Bereich Soziologie

Weiters sind auch noch andere Themen und Bereiche vertreten:

- Gesundheit … ein Spezialist für Medizinethik
- Ethik … ein akademischer Vertreter aus dem Bereich Moralphilosophie oder auch Vertreter von Religionsgemeinschaften
- nachhaltige Geldanlage … ein unabhängiger Spezialist im Bereich nachhaltige Investitionen
- Wirtschaft … ein Vertreter eines Unternehmens, das Vorreiter im Bereich der Umsetzung von Nachhaltigkeitskonzepten ist

Der Beirat tagt mindestens viermal jährlich und diskutiert die Kriteriologie der Fonds. Er kontrolliert weiters die Liste der Investments in den Fonds und wirft anlassbezogen auch Fragen zu Einzelinvestments auf.

Die relative Häufigkeit der für nachhaltige Geldanlagen verwendeten Kriterien ist unterschiedlich ausgeprägt. Nachhaltigkeitsfonds in Deutschland, der Schweiz und in Österreich zeigen in ihren Ausschluss- und Positivkriterien nicht immer einen Gleichlauf. Es gibt aber zumindest einige Kriterien, die als gemeinsamer Nenner betrachtet werden können.

Ausschlusskriterien		Positivkriterien	
Rüstung/Waffen	91%	Umweltpolitik	64%
Kernenergie	76%	Ökologische Produktqualität	58%
Tabak	76%	Prozessorientierter Umweltschutz	55%
Glücksspiel	71%	Kunden/Lieferantenbeziehungen	52%
Menschenrechtsverletzungen	58%	Produktsicherheit	52%
Pornografie	58%	Mitarbeiterinteressen	48%
Tierschutzverletzungen	58%		
Alkohol	58%		
Schwere Umweltverschmutzung	55%		
Grüne/agrartechnische Gentechnik	45%		

Abbildung: Häufigkeit von Ausschluss-/Positivkriterien bei Aktien-Nachhaltigkeitsfonds

Im Fall von staatlichen Emittenten auf der Anleihenseite gibt es speziell auf diese Assetklasse zugeschnittene Ausschlusskriterien wie autoritäre Regime, Antikorruptionsstandards, Todesstrafe, grobe Verletzungen oder Einschränkungen der Pressefreiheit, Meinungsfreiheit, Versammlungsfreiheit, der Mindeststandards für Arbeitnehmerrechte sowie der Besitz von Atomwaffen.

Ausschlusskriterien sind prinzipiell als Alles-oder-nichts-Auswahlverfahren zu sehen. Wird eine Vielzahl von Ausschlüssen vorgenommen, so führt die Strategie zu starken Einschränkungen in den für eine Geldanlage „erlaubten" Aktien – dem sogenannten Investmentuniversum. Daher ist die Abweichung der Fondsentwicklung vom Gesamtmarkt bei Anwendung von Ausschlusskriterien oft hoch.

Beispiel: Ein orthodoxer Nachhaltigkeitsfonds

Einige angebotene Nachhaltigkeitsfonds schließen neben den oben angeführten „klassischen" Ausschlüssen wie Atomkraft, Tabak, Rüstung oder Kinderarbeit auch noch ganze Branchen wie Öl & Gas, Autos oder Airlines aus. Diese Branchen haben zugegebenermaßen nicht unbedingt positive Auswirkungen auf die Umwelt. Auf der anderen Seite gibt es eine große Menge von Aktien an der Börse, die gerade in diesen Branchen arbeiten. Ein Ausschluss führt zu dem Problem, dass der Fonds im Falle von deutlichen Kursgewinnen im Bereich Öl & Gas, Autos oder Luftlinien nicht mitpartizipieren kann. Auf der anderen Seite wäre er aber auch bei Kursabschlägen nicht dabei. Jedenfalls muss sich der Fonds auf dieser Basis deutlich anders entwickeln als die Börse als Gesamtes, weil eben bedeutende Komponenten des Universums fehlen.

Es besteht aber die Möglichkeit der Anwendung von sogenannten Öffnungsklauseln. Dabei wird berücksichtigt, wie stark ein Kriterium beim Unternehmen zutrifft. Beispielsweise könnte bei einem Lebensmittelkonzern ein Umsatzanteil der Zigarettenproduktion von einem Prozent als verschwindend gering eingeschätzt und daher geduldet werden. Es ist also möglich und üblich, gewisse Prozentsätze zu formulieren, die als noch erträglich betrachtet werden und nicht zum Ausschluss führen.

Nachhaltige Vorzugsschüler unter den Unternehmen - relative Bewertung der Nachhaltigkeit

Neben den Ausschluss- oder Positiv-Kriteriologien als quasi absoluten Ansätzen gibt es auch relative Strategien für nachhaltige Geldanlagen. Der sogenannte Klassenbester- oder Best-in-Class-Ansatz bietet eine Möglichkeit, eine relative Reihung vorzunehmen. Bei diesem Ansatz werden möglichst alle Branchen und Unternehmen einer Prüfung unterzogen. Diese bei Unternehmen durchgeführte Prüfung betrifft nachhaltige Kriterien, CSR, Stakeholderbeziehungen und Corporate Governance. Die Unternehmen werden am Ende benotet. Existiert schließlich eine Beurteilung, kann sich der Investor ein gutes Bild verschaffen, wie jedes Unternehmen für sich und im Vergleich zur Branche abschneidet. Investoren können dann Mindestbewertungen festlegen. Das bedeutet, dass die Unternehmen eine gewisse nachhaltige Mindestqualität aufweisen müssen, um in Betracht gezogen zu werden. Unternehmen, die in der Branche vergleichsweise gut abschneiden, sind die ersten Kaufkandidaten.

Beispiel: Gesamtnoten für Unternehmen in ihrer jeweiligen Klasse
Der Best-in-Class-Ansatz versucht alle Dimensionen der Nachhaltigkeit mit einzubeziehen. Das heißt, dass das Unternehmen für verschiedene Gegenstände wie in der Schule Einzelnoten erhält, die dann zu einer Gesamtnote zusammengefügt werden. Die einzelnen Gegenstände stehen dabei für die einzelnen Stakeholder. Es kann vorkommen, dass Unternehmen in Teilbereichen sehr gut abschneiden und dass sie in der Gesamtnote trotzdem nicht top sind. Denken wir an einen Hersteller von Autos im Bereich Hybridtechnologie. Das Unternehmen kann gerade in dieser Branche zwar Technologieführer sein und dafür auch in der Öffentlichkeit gefeiert werden. Trotzdem sind auch die übrigen Produkte, die Beziehungen zu Mitarbeitern, Gesellschaft und vieles mehr zu bewerten. Am Ende kann so das Unternehmen insgesamt trotz guter Reputation nicht bei den Klassenbesten dabei sein.

Mit dem Best-in-Class-Ansatz kann ein positiver Wettbewerb unter den Unternehmen ausgelöst werden. Dieser Wettbewerb kann sowohl innerhalb einer Branche als auch zwischen den Branchen bestehen.

Als Kritik muss angeführt werden, dass bei einem reinen Best-in-Class-Ansatz auch Branchen berücksichtigt werden, die nicht verantwortungsvoll, ethisch oder nachhaltig agieren, man denke an Rüstungs- oder Tabakunternehmen. Kritiker können daher argumentieren, dass „der relativ kleinste Gauner in der Gruppe" für ein Investment berücksichtigt wird. Dieses Problem kann durch die Kombination mit Ausschlusskriterien vermieden werden.

Die Bewertung der Nachhaltigkeit eines Unternehmens ist in der Regel nach unterschiedlichen Stakeholdergruppen aufgeteilt. Gängige Gruppierungen sind Personal, Gesellschaft, Kunden, Zulieferer, Umwelt, aber auch Investoren. Innerhalb dieser Gruppen besteht wieder eine Vielzahl von Faktoren, die analysiert und benotet werden.

Stakeholdergruppe 1	Stakeholdergruppe 2	Stakeholdergruppe 3
INVESTOREN	**PERSONAL**	**GESELLSCHAFT**
- Transparenz	- Gesundheit und Sicherheit	- Spenden
- Dividendenzahlungen	- Frauen- und Minderheitenpolitik	- Sponsoring
- Wertorientierung	- Politik bei Personalfreisetzungen	- Menschenrechte
- Corporate Governance	- Arbeitszeit und Entlohnung	- Steuergerechtigkeit
Stakeholdergruppe 4	**Stakeholdergruppe 5**	**Stakeholdergruppe 6**
KUNDEN	**ZULIEFERER**	**UMWELT**
- Qualität	- Nachhaltige Standards	- Ressourceneinsatz
- Nutzen und Service	- Dauer der Verträge	- Emissionen
- Produktsicherheit	- Stabilität der Zusammenarbeit	- Verschmutzung
- Preis-Leistungs-Verhältnis	- Gerechter Preis	- Umweltstrafen

Abbildung: Analysekriterien bei der Best-in-Class-Bewertung von Unternehmen

Zusammengefasst lassen sich drei Stile nachhaltiger Investoren identifizieren, die sich durch folgende Auswahlkriterien unterscheiden:

1) Absolute Kriterien
2) Best-in-Class (relative Kriterien)
3) Engagement

Die Stile unterscheiden sich vor allem in Bezug auf die Abweichung zu Gesamtmarktportfolios. Der zu beobachtende nachhaltige Charakter der Produkte ist ebenfalls unterschiedlich.

Kombinationen aus den einzelnen Stilen sind natürlich möglich und auch recht häufig anzutreffen. Das hängt auch mit den Erwartungen der Kunden zusammen. Als nachhaltig oder ethisch wird oft verstanden, dass man die Unternehmen auswählt, die sich dem Thema Nachhaltigkeit am stärksten widmen und zusätzlich die „wirklich schlimmen Dinge ausschließen".

	Negativkriterien	Positivkriterien	Best-in-Class	Engagement
Zahl der investierbaren Aktien	Eher gering	Eher gering	Eher hoch	Hoch
Abweichung vom Gesamtmarkt	Hoch	Hoch	Eher gering	Gering
Bezeichnung des Produkts	Meist Ethikfonds	Themenfonds (Umwelt, Klimaschutz usw.)	Meist Nachhaltigkeitsfonds	Konventioneller Fonds mit Zusatz
Charakter des Produkts	Hohes Maß an Verantwortung inkludiert	Positivdenken und ein Ziel überwiegen	Eher als Ersatz eines konventionellen Produktes gedacht	Nachhaltigkeit eher nur marginal berücksichtigt

Abbildung: Unterschiedliche Stile nachhaltiger Investoren

Info-Box

Stilkombination als bester nachhaltiger Stil

Die genannten Stile unterscheiden sich also grundlegend. Ein Ansatz, um die Vorteile der unterschiedlichen Ansätze zu nutzen, ist, solche Fonds zu kaufen, die die Stile kombinieren. Eine überschaubare Größenordnung von Ausschlusskriterien ließe sich etwa mit einem Best-in-Class-System für die verbliebenen Sektoren oder Branchen kombinieren. Zudem könnte der Fonds dann auch noch mit den Unternehmen einen laufenden Dialog führen, sprich Engagement betreiben.

Die nachhaltigen Number-Cruncher - Nachhaltigkeitsanalyse

In den letzten Jahren ist die Anzahl der mit Nachhaltigkeitsrating und -research beschäftigten Beratungsunternehmen sprunghaft angestiegen. Was sind aber die Charakteristika von Nachhaltigkeitsratings? Während das Finanzrating eines Unternehmens fast nur auf wirtschaftliche Gesichtpunkte hin ausgerichtet ist, ist das Prinzip des Nachhaltigkeitsratings weiter gefasst. Neben den Hard Facts (harten Fakten), den Finanzzahlen, werden auch sogenannte extrafinanzielle Zahlen erhoben. Diese extrafinanziellen Daten beruhen – wie in Kapitel 2 dargestellt – eher auf Soft Facts (weichen Daten), wie den Stakeholderbeziehungen und dem Corporate Governance beziehungsweise auch unternehmensethischen Fragen.

Beispiel: Hard Facts und Soft Facts am Beispiel Mitarbeiter
Zu den Hard Facts betreffend die Mitarbeiter eines Unternehmens zählen etwa die Anzahl der Mitarbeiter oder die Höhe des ausbezahlten Lohns. Derartige Daten sind auch im Geschäftsbericht samt mehrjähriger Statistik abgebildet. Für das Unternehmen wichtig ist aber nicht nur die Zahl und Entlohnung, sondern auch die Motivation der Mitarbeiter. Die Motivation lässt sich einerseits über Mitarbeiterbefragungen bestimmen, anderseits sind aber auch Unternehmensgrundsätze und Initiativen zu Gleichbehandlung, Gesundheitsvorsorge und Ähnlichem von Bedeutung. Mithilfe eines Nachhaltigkeitsresearchs versucht man derartige weiche Daten zu erheben und zu interpretieren.

Die Nachhaltigkeitsanalyse weicht vom klassischen Ratingansatz von Agenturen wie Standard & Poor's oder Moody's deutlich ab. Es geht um die Beurteilung weicher Faktoren, die nicht immer quantifizierbar sind.

	Kreditrating	Nachhaltigkeitsrating
Zielsetzung	Informationen bezüglich finanzieller Aspekte	Informationen bezüglich nachhaltiger Aspekte
Themenschwerpunkte	Finanzielle Bonität	Umwelt- und Stakeholderrisiken
Bedeutung	Weltweit etabliert	Stellenwert noch gering, aber stark wachsend
Zielgruppen	Experten (Banken, Versicherungen, Fondsmanager, Broker, institutionelle Anleger)	Experten (Banken, Versicherungen, Fondsmanager, kirchliche und soziale Institutionen, nachhaltig ausgerichtete institutionelle Anleger)
Bewertungsobjekte	Länder, Organisationen am Kapitalmarkt, Unternehmen	Vor allem Unternehmen, aber auch Länder und andere Organisationen
Bewertung	Endnote und Ausblick	Endnote, Bestimmung, ob Kriterien zutreffen

Abbildung: Kreditrating und Nachhaltigkeitsrating

Der Frankfurt-Hohenheimer Leitfaden ist ein Beispiel für ein System des Nachhaltigkeitsratings oder der Nachhaltigkeitsanalyse. Die Bewertungssystematik wurde 1997 als Frankfurt-Hohenheimer Leitfaden, entstanden in einer Kooperation der Johann Wolfgang Goethe-Universität Frankfurt und der Universität Hohenheim in Stuttgart, veröffentlicht. Die im Leitfaden berücksichtigten nachhaltigen Themen sind Kulturverträglichkeit, Naturverträglichkeit und Sozialverträglichkeit. Der Leitfaden umfasst eine Kriteriologie mit rund 850 Einzelkriterien.

Die Umsetzung des Leitfadens in ein für die konkrete Nachhaltigkeitsanalyse brauchbares Bewertungssystem erfolgte gemeinsam mit der Researchagentur oekom research in München. Die 850 Einzelkriterien wurden dabei zu etwa 200 Untersuchungskriterien zusammengefasst.

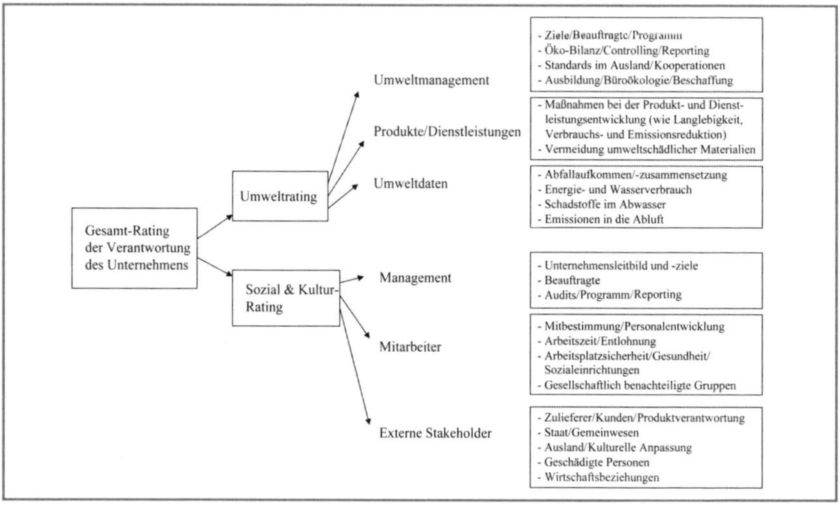

Abbildung: Der Frankfurt-Hohenheimer Leitfaden

Informationsquellen für Nachhaltigkeitsresearch sind einerseits öffentliche Unternehmensquellen wie Geschäftsberichte und Nachhaltigkeitsberichte der Unternehmen. Andererseits verfügen Researchagenturen auch über individuelle Unternehmensquellen, die sie vom Mitbewerb unterscheiden. Dazu zählen ein individueller Fragebogen und direkte Kontakte ins Unternehmen. Und schließlich sind da noch Sekundärquellen wie das World Wide Web, Medienberichte, Datenbanken sowie Informationen von Seiten international und lokal tätiger NGOs.

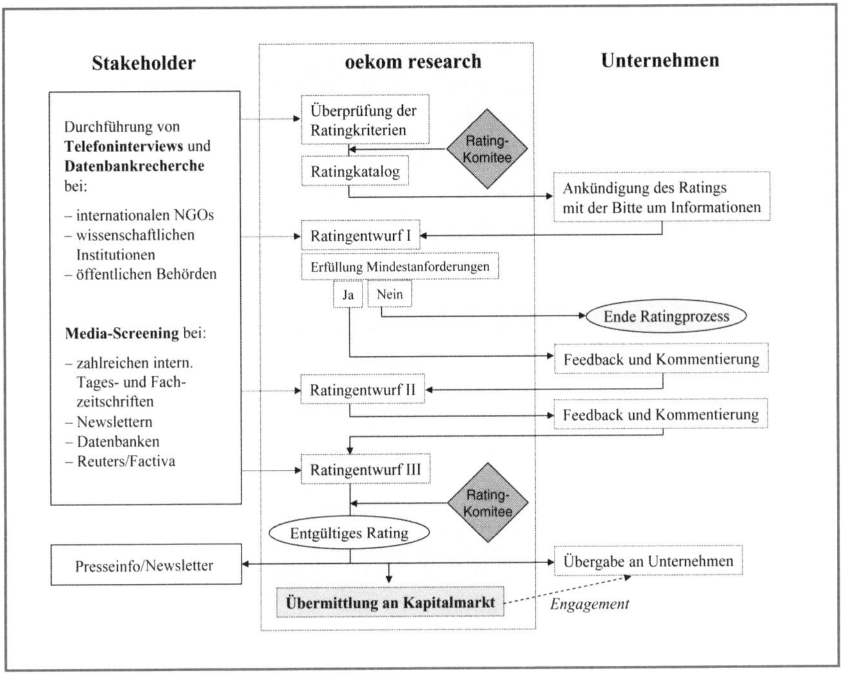

Beispiel: Analyse nachhaltiger Faktoren

Wie im Beispiel der oekom research in München erfolgt der Ratingprozess auf mehreren Stufen. An oberster Stelle steht die Überprüfung der Ratingkriterien, wobei auch ein Rating-Komitee eingesetzt wird, das sich aus Fachleuten im Bereich Nachhaltigkeit und nachhaltiges Investment zusammensetzt. Der daraus entwickelte Ratingkatalog – im Falle der oekom in Anlehnung an den Frankfurt-Hohenheimer Leitfaden – wird für die in Prüfung befindlichen Unternehmen angewandt. Den Unternehmen wird die Prüfung angekündigt, außerdem werden notwendige Informationen eingefordert.

Daraufhin wird ein erster Ratingentwurf erstellt. Das Ergebnis dieses Ratingentwurfs I hängt von der Erfüllung der Mindestanforderungen durch das Unternehmen ab. Werden diese nicht erfüllt, so bedeutet das ein frühzeitiges Ende des Ratingprozesses. Bei einem positiven Abschneiden – also im Fall, dass die Mindestanforderungen erfüllt werden – wird das Unternehmen um Kommentierung des Ratingentwurfes gebeten. Mit dem Feedback wird ein Ratingentwurf II erstellt, der abermals dem Unternehmen übermittelt wird. Mit neuerlicher Kommentierung kommt es dann zum Ratingentwurf III im Hause oekom research.

Nach dem dritten Ratingentwurf wird nochmals das Rating-Komitee beigezogen und ein endgültiges Rating ermittelt. Dieses Rating wird an das geprüfte Unternehmen und an die Kunden von oekom research übermittelt. Eckpunkte von neuem Research werden auch im Newsletter von oekom research und in Presseinfos weiterkommuniziert.

Die Analysten von oekom research führen zusätzlich zum Unternehmenskontakt eine Menge von zusätzlichen Recherchen bei Stakeholdern durch. Diese Recherchen umfassen Telefoninterviews und Datenbankresearch bei NGOs, wissenschaftlichen Institutionen und Behörden. Weiters wird auch eine Reihe von Medien analysiert oder – in Neudeutsch – gescreent.

Bekannte Research- oder Ratingagenturen im deutschsprachigen Raum sind neben der bereits genannten oekom research etwa scoris und imug (Teil der britischen Eiris-Gruppe). In der Schweiz existieren mit Centre Info und Inrate weitere Spezialisten im Bereich Nachhaltigkeitsresearch. Zu den großen internationalen Playern zählen die amerikanischen Innovest und KLD, die britische EIRIS und die französisch-belgische Vigeo.

Im Folgenden sollen drei Beispiele für Nachhaltigkeitsresearch die Details solcher Analysen erklären. Die drei Fallbeispiele betreffen die Unternehmen Groupe Danone und Ormat Technologies sowie Italien als Anleihenemittent und wurden freundlicherweise von oekom research zur Verfügung gestellt. Die Bewertungsskala folgt dem anglo-amerikanischen Bewertungssystem und reicht jeweils von A bis D, wobei A die Bestnote darstellt.

Die drei Analysen sind unterschiedlich aufgebaut. Der Analysebericht im Fall der Groupe Danone, einem internationalen Nahrungsmittel- und Markenartikelkonzern aus Frankreich, ist am ausführlichsten, hier geht es um eine detaillierte Betrachtung der Beziehung des Unternehmens zu seinen Stakeholdern. Ormat Technologies ist ein in den USA ansässiges Unternehmen im Bereich erneuerbare Energie mit dem Schwerpunkt auf Geothermie. Im Fall von Ormat handelt es sich um ein Unternehmen, das in einer nachhaltig orientierten und ökologisch wertvollen Branche arbeitet, einem Öko-Pionier. Italien schließlich wird als Staat bewertet, mit einem völlig unterschiedlichen Bewertungsschema, das auch stark politische und gesellschaftliche Inhalte umfasst.

Info-Box

Geothermie und erneuerbare Energien

Unter erneuerbarer oder regenerativer Energie versteht man Energie aus nachhaltigen Quellen. Aus in der Umwelt laufend stattfindenden Prozessen wird Energie abgezweigt und der technischen Verwendung zugeführt. Wesentliche erneuerbare Energien sind Solarenergie, Windenergie, Wasserkraft, Biomasse und Erdwärme (geothermische Energie). Die Geothermie oder Erdwärme ist die im zugänglichen Teil der Erdkruste gespeicherte Wärme, sie kann direkt genutzt werden (wie im Fall einer Wärmepumpenheizung) oder auch zur Erzeugung von elektrischem Strom. Bei der geothermischen Stromerzeugung wird Wasser über Rohre in tiefe und heiße Schichten der Erdkruste geführt, erhitzt und zurück an der Erdoberfläche zum Antrieb einer Turbine verwendet.

Beispiel Nachhaltigkeitsanalyse I: Unternehmensrating – Groupe Danone
Das Unternehmen ist weltweit führend in den Bereichen Frischmilchprodukte und Mineralwasser. Marken des Konzerns sind unter anderem Danone, Evian und Lu (Kekse). Der Konzern beschäftigt knapp 90.000 Mitarbeiter. Das Rating von Danone ist eines der besten des Sektors, das drittbeste unter 22 untersuchten Unternehmen. Das Umweltrating fiel mit B- allerdings besser als das Sozialrating mit C+ aus.

Unternehmensrating	Quelle oekom research	
Groupe Danone Nahrungsmittel		
Bewertung: B-		
Rang: 3 (von 22)		
A. SOZIALRATING		***C+***
1. Mitarbeiter und Lieferanten		B-
1.1. Mitarbeiter	Versammlungsfreiheit, Work-life-Balance (Arbeitszeitflexibilität, Wochenarbeitszeit), Arbeitsplatzsicherheit (Entlassungen während der letzten Perioden, Sozialpläne), Einkommen (Mindestlöhne, Regelungen in Nicht-OECD Ländern), Gesundheit und Sicherheit (Unfallstatistik), Gleichberechtigung (Richtlinien zur Gleichberechtigung am Arbeitsplatz)	B-

Unternehmensrating	Quelle oekom research	
1.2. Lieferanten	Lieferanten und deren Standards zu Gesundheit und Sicherheit, Überwachung der Einhaltung der Lieferantenstandards, wesentliche Verstöße im sozialen Bereich, verhängte Strafen	B
2. Gesellschaft und Verantwortlichkeit auf Produktebene		C
2.1. Gesellschaft	Menschenrechte (Richtlinien im Unternehmen, Verstöße), Gesellschaft (Einbeziehung der Gesellschaft, Beiträge des Unternehmens im Bereich Soziales, Kultur und Umwelt), Spenden an die Politik, Steuern und Subventionen, Stakeholderdialog	C
2.2. Verantwortlichkeit auf Produktebene	Gesundheit und Ernährungsaspekte der Produkte (Richtlinien, Maßnahmen), Richtlinien für verantwortungsvolles Marketing, Konsumenteninformation (Information zu Inhaltsstoffen), Managementsysteme zur Produktsicherheit/Nahrungsmittelsicherheit, Verstöße und Strafen	*C*
3. Corporate Governance und Unternehmensethik		*B-*
3.1. Corporate Governance	Unabhängigkeit des Aufsichtsorgans (Trennung Management und Aufsichtsorgan), Aktionärsdemokratie (Ausgestaltung der Stimmrechte, Anzahl der notwendigen Stimmen für Anträge), Transparenz der Entlohnung des Top Managements, Transparenz zur Aktionärsstruktur	*B-*
3.2. Unternehmensethik	Code of Conduct bezüglich fairer Geschäftspraktiken, Verstöße und Strafen	*B-*
B. UMWELTRATING		**B-**
1. Umweltmanagement		B+
1.1. Unternehmensrichtlinien zu Umweltbelangen		A+
1.2. Umweltmanagementsystem	Einführung eines Umweltmanagementsystems, Zertifizierung nach einem internationalen Standard, Umweltmanagementsysteme in Nicht-OECD-Ländern	A-
1.3. Externes Reporting zu Umweltbelangen		B
1.4. Indikatoren zur Umweltperformance		A+

Unternehmensrating	Quelle oekom research	
1.5. Strategien zum Thema Klimawandel	Commitment, klare Zuständigkeiten, Ziele	B-
1.6. Geschäftsreisen und Transport	Maßnahmen zur Reduktion der Umweltbelastung durch Geschäftsreisen, Maßnahmen zur Erhöhung der Transporteffizienz	B
2. Produkte und Dienstleistungen		C
2.1. Landwirtschaft	Richtlinien zu nachhaltiger Landwirtschaft, Maßnahmen zur Förderung nachhaltiger Landwirtschaft, Anteil an Rohstoffen aus biologischer Landwirtschaft	C
2.2. Nutztierhaltung und Fischerei	Maßnahmen zum Schutz der Nutztiere, Maßnahmen für nachhaltige Fischerei, Anteil an Fischen aus MSC-(Marine Stewardship Council)-Beständen, Maßnahmen für hormon- und antibiotikafreie Tierfütterung	C-
2.3. Wasserverwendung	Richtlinien und Maßnahmen zu nachhaltiger Wasserverwendung	B-
2.4. Grüne Gentechnik	Richtlinien zur Gentechnik und Nutzung gentechnisch veränderter Rohstoffe, Anteil der Produkte, die gentechnisch veränderte Rohstoffe verwenden	D+
2.5. Verpackung	Maßnahmen zur Reduktion des Umfanges von Verpackung, Veränderung des Umfanges an Verpackungsmaterial während der letzten drei Jahre	C+
2.6. Verstöße und Strafen mit Umweltrelevanz		keine
3. Ökoeffizienz	Absolute und relative Kennzahlen	A+
Energieverwendung, Treibhausgasemissionen, Wasserverwendung, Abfallintensität		

Beispiel Nachhaltigkeitsanalyse II: Unternehmensrating – Ormat Technologies

Das Unternehmen ist ein Spezialist für geothermische Anlagen und für Energierückgewinnung in Industrieanlagen. Das Gesamtrating des Unternehmens ist mit B+ sehr positiv, stammt aber ausschließlich aus dem Bereich Umweltrating mit einer Beurteilung von A-, und dort wiederum aus dem Bereich Produkte und Dienstleistungen mit einem Rating von A. Das Sozialrating liegt bei D+, was bedeutet, dass Ormat im Bereich sonstiger Stakeholder keine nennenswerten Anstrengungen unternimmt.

Unternehmensrating	Quelle oekom research	
Ormat Technologies (Erneuerbare) Energie		
Bewertung: B+		
Rang: 50 (von 86)		
A. SOZIALRATING		**D+**
1. Management		D+
1.1. Mitarbeiter	Unternehmensrichtlinien zu Arbeitnehmerrechten und Arbeitsplatzstandards (Gesundheit & Sicherheit, rechtliche oder ausverhandelte Minimalstandards, Arbeitsplatzsicherung, Verstöße und Strafen	D+
1.2. Lieferanten	Lieferanten und deren Standards zu Gesundheit und Sicherheit, Überwachung der Einhaltung der Lieferantenstandards, wesentliche Verstöße im sozialen Bereich, verhängte Strafen	D-
1.3. Gesellschaft	Menschenrechte (Richtlinien zu Menschenrechten und kultureller Selbstbestimmung), Gesellschaft (Einbeziehung der Gesellschaft, Beiträge des Unternehmens im Bereich Soziales, Kultur und Umwelt), Stakeholderdialog	D-
1.4. Unternehmensethik	Code of Conduct bezüglich fairer Geschäftspraktiken, Maßnahmen des Unternehmens, um faire Geschäftspraktiken sicherzustellen, Verstöße und Strafen	B-
2. Produkte und Dienstleistungen		D-
2.1. Verantwortung im Produkt- und Dienstleistungsbereich		D-
2.2. Produkte und Dienstleistungen, die einen sozialen oder kulturellen Zusatznutzen stiften		keine
2.3. Verstöße und Strafen		keine
B. UMWELTRATING		**A-**
1. Management		C
1.1. Unternehmensrichtlinien zu Umweltbelangen		A
1.2. Umweltmanagementsystem	Einführung eines Umweltmanagementsystems, Zertifizierung nach einem internationalen Standard	B+

Unternehmensrating	Quelle oekom research	
1.3. Externes Reporting zu Umweltbelangen		D-
1.4. Indikatoren zur Umweltperformance		C
1.5. Strategien zum Thema Klimawandel	Commitment, klare Zuständigkeiten, Ziele	C
2. Produkte und Dienstleistungen		A
2.1. Integration von Umweltbelangen in Produkte und Dienstleistungen		D-
2.2. Produkte und Dienstleistungen, die einen umweltrelevanten Zusatznutzen stiften		A+
2.3. Verstöße und Strafen mit Umweltrelevanz		keine

Beispiel Nachhaltigkeitsanalyse III: Länderrating – Italien
Italien weist ein Durchschnittsrating von B+ auf, wobei die Sozialkomponente mit A-, die Umweltkomponente aber lediglich mit B- bewertet wurde. Auffallend sind Defizite in der Struktur der öffentlichen Ausgaben, und hier vor allem im Bereich der Umweltsysteme.

Länderrating	Quelle oekom research	
Italien		
Bewertung: B+		
Rang: 18 (von 45)		
A. SOZIALRATING		**A-**
1. Institutionen und Politik		A-
1.1. Politisches System und Grundrechte	Freie Wahlen, Gewaltentrennung, Freiheit vor politischer Willkür, Versammlungsfreiheit, Pressefreiheit, Schutz vor Zwangsarbeit	A
1.2. Teilnahme an internationalen Vertragswerken	UNO, ILO (International Labour Organisation), Internationaler Gerichtshof	A+
1.3. Struktur öffentlicher Ausgaben	Militärausgaben, Entwicklungshilfe, Bildungsausgaben, Gesundheitsausgaben, öffentliche Verschuldung	C

Länderrating	Quelle oekom research	
1.4. Nicht-Regierungs-Organisationen	Vielfalt der Presse, Vielfalt der Gewerkschaften	A-
1.5. Politische Stabilität	Bewaffnete Konflikte und Terrorismus, Flüchtlinge	A+
1.6. Korruption und Geldwäsche	Korruptionsindex, Geldwäscheindex	B-
2. Humane und soziale Bedingungen		A-
2.1. Gleichberechtigung	Diskriminierung, Gleichberechtigung	B
2.2. Gesundheit	Lebenserwartung, Kindersterblichkeit, Unterernährung, Fälle von HIV/AIDS	A-
2.3. Ausbildung	Analphabetismus, Kinder und Schulbesuch	A
2.4. Beschäftigung und Einkommen	Akzeptable Arbeitsbedingungen, Mindestlöhne, Gesundheit & Sicherheit, Arbeitslosenrate, BIP je Einwohner, Inflation	B+
2.5. Individuelle Sicherheit	Mordrate, Anteil der Inhaftierten	A
2.6. Bevölkerungswachstum		A
3. Infrastruktur		B+
3.1. Grundsätzliche Infrastruktur	Wasserversorgung, Kanalisierung, Kläranlagen	B+
3.2. Medizinische Versorgung	Anzahl der Ärzte, Spitalsbetten, Medikamentenversorgung, Apotheken, Krankenpersonal und Hebammen	B+
3.3. Ausbildung	Verhältnis Lehrer zu Schülern, Büchereien	C+
3.4. Zugang zu Information	Telekommunikation (Telefone, Mobiltelefone, TV-Geräte), Internet, Anzahl an PCs	A
B. UMWELTRATING		**B-**
1. Institutionen und Politik		B-
1.1. Institutionen	Umweltministerium, Nationaler Umweltrat, Umweltschutzgesetzgebung	B+
1.2. Politisches Programm	Nationale und internationale Klimapolitik, Nationale Agenda 21, Lokale Agenda 21	C+
1.3. Teilnahme an internationalen Vertragswerken	Kyoto Protokoll, Konvention zur Biodiversität	A+
2. Umweltsysteme		D+
2.1. Boden und Landschaftsschutz	Naturschutzgebiete, geschützte Waldgebiete, FSC zertifizierte Wälder, Bodenverödung	D+
2.2. Wasser	Erneuerbare Ressourcen an Wasser	D
2.3. Biodiversität	Artenvielfalt (Säugetiere, Brutvögel, Reptilien, Fische)	D+

Länderrating	Quelle oekom research	
3. Umweltschäden		B+
3.1. Boden	Agrarische Nutzfläche, Biolandwirtschaft, Düngemittel, Pflanzenschutzmittel	B
3.2. Wasser	Süßwassernutzung, organische Wasserverschmutzung	A-
3.3. Biodiversität	Bedrohte Spezies	B+
3.4. Luftverschmutzung	Treibhausgase	B+
3.5. Energie	Energiemix, Anteil fossiler und erneuerbarer Energie	B
3.6. Abfall	Müllaufkommen, Sondermüll, Atommüll, Recycling (Papier, Glas)	A-

Auf der Suche nach den Topperformern - der nachhaltige Anlageprozess

Wie sieht nun aber ein typischer Anlageprozess eines Nachhaltigkeitsfonds aus? Ergebnisse aus der Nachhaltigkeitsanalyse, Kriterien und Best-in-Class-System müssen mit einer möglichst ertragreichen Einzeltitelauswahl abgestimmt werden.

Wir gehen von einem Fondsprodukt aus, das sowohl Ausschlusskriterien als auch den Best-in-Class-Ansatz anwendet. Der Prozess ist dann meist auf mehrere Ebenen aufgeteilt. Zunächst wird das Basis- oder Gesamtuniversum – also etwa die größten 500 europäischen Aktien – durch einen Nachhaltigkeitsfilter geschickt. In diesem Filter werden einerseits jene Unternehmen ausgeschieden, welche die Ausschlusskriterien verletzen, andererseits werden von den verbliebenen Unternehmen noch all jene eliminiert, die sich nicht unter den nachhaltig Besten der Branche – meist gemäß dem Best-in-Class-Ansatz – befinden. Das erfoderliche Research für Ausschlusskriterien und Best-in-Class-System kann von externen oder internen Quellen stammen. Ideal ist die Kombination mehrerer externer Researchquellen mit internen Ressourcen. Externe Quellen haben den Vorteil weitreichender Objektivität.

Beispiel: Analyse und Objektivität

Nachhaltigkeitsanalysen sind Analysen von oft qualitativen Daten. Das bedeutet, dass die Beurteilung noch strengeren Objektivitätskriterien unterworfen werden muss als herkömmliche Finanzdaten. Die Analyse inländischer Unternehmen oder von Unternehmen, an denen man beteiligt ist beziehungsweise zu denen man eine klare Meinung hat, kann daher zu Problemen führen. Daher ist zumindest eine externe Quelle im Analyseprozess eine wichtige Voraussetzung.

Es bleibt somit ein „nachhaltiges Universum" oder Anlageuniversum nachhaltiger Aktien übrig, aus dem der Fondsmanager auswählen kann. Die Auswahl kann nun wie auch für konventionelle Fonds entweder gemäß Top-down-Ansatz oder gemäß Bottom-up-Ansatz erfolgen. In beiden Fällen versucht der Fondsmanager, die für die Kursperformance am vielversprechendsten Aktien auszuwählen. Somit ist also der Anlageprozess meist zweigeteilt – in die nachhaltige Analyse und den finanziell orientierten Teil der Portfoliooptimierung. Allerdings wird auch in der Einzeltitelauswahl vielfach noch speziell auf attraktive nachhaltige Aspekte Rücksicht genommen – insbesondere im Fall eines Bottom-up-Ansatzes. Für Top-down- und Bottom-up-Ansatz ist wiederum geeignetes Research notwendig, das von externer oder interner Seite bereitgestellt werden kann.

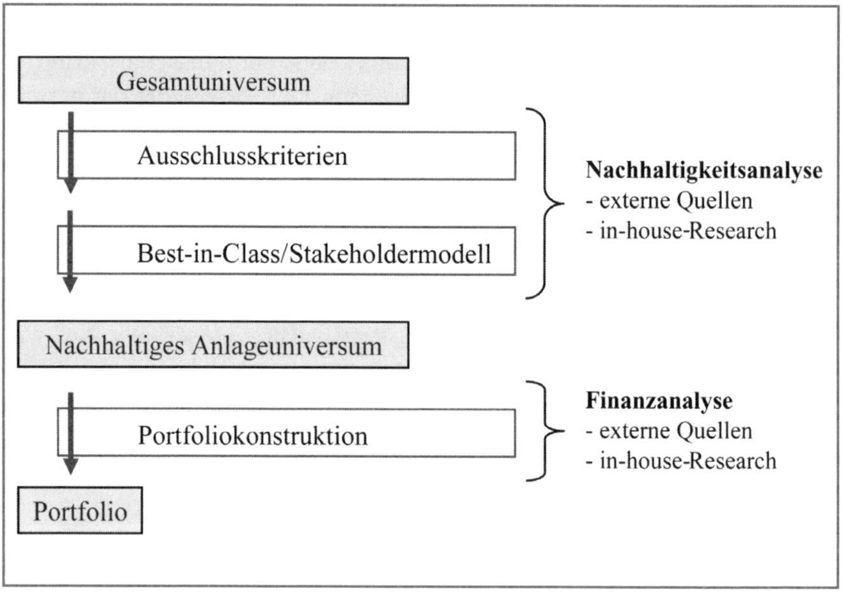

Abbildung: Typischer nachhaltiger Anlageprozess

Info-Box

Top-down und Bottom-up

Ein Unterscheidungskriterium im Fondsmanagementprozess ist die Frage, wo die Präferenzen gelegt werden sollen. Hierzu gibt es die Alternativen der Betonung des wirtschaftlichen und Branchenumfelds vor der Einzeltitelauswahl oder des klaren Fokus auf das Unternehmen selbst. Beim Top-down-Ansatz beginnt man mit einer Globalanalyse – einer Untersuchung der grundsätzlichen konjunkturellen Rahmenbedingungen, innerhalb derer das Unternehmen sich entwickelt. Man fährt dann mit der Branchenanalyse fort (also mit der Aufarbeitung von Branchentrends samt Chancen- und Risikenanalyse), ehe man zur eigentlichen Unternehmensanalyse kommt. Der Bottom-up-Ansatz setzt sofort beim Unternehmen an und berücksichtigt erst dann Branche und gesamtwirtschaftliches Umfeld.

Der Investmentprozess für Anleihenfonds ist prinzipiell derselbe wie für Aktienprodukte, es sind ebenfalls fondsspezifische Ausschlusskriterien für die Emittenten zu berücksichtigen, die – je nach Fondsstruktur – für Unternehmensanleihen und Staatsanleihen unterschiedlich sind. Ein Best-in-Class-Ansatz ist ebenfalls möglich.

Echte Veränderung oder Lippenbekenntnis – Nachhaltigkeitsberichterstattung

Die Berichterstattung zu nachhaltigen Themen hat mittlerweile auch schon eine Geschichte, die sich auf etwa zwei Jahrzehnte erstreckt. Ähnlich wie bei der nachhaltigen Geldanlage, ging auch bei der Berichterstattung die Entwicklung vom Thema Umwelt aus. Umweltreports waren zunächst ein Zugeständnis an die Umweltbewegung und lieferten Daten zum Thema Umweltbelastung und Umweltschutz.

Mit der Verbreiterung vom Umweltfokus auf das Thema Nachhaltigkeit samt Stakeholderbetrachtung wurden auch die Berichte in ihren Inhalten breiter. Daher stehen heute alle Stakeholderbeziehungen im Mittelpunkt der Berichterstattung.

Was als Hochglanzbericht ohne wirklichen Tiefgang begann, ist heute – wie so viele Dinge – standardisiert. Der bekannteste Standard für Nachhaltigkeitsberichte sind die sogenannten GRI-Principles, die zuletzt 2006 aktualisiert wurden. Bei diesen Prinzipien zum Abfassen von Nachhaltigkeitsberichten steht GRI für Global Reporting Initiative.

Die GRI-Prinzipien umfassen eine Vielzahl von Selbstverpflichtungen und Kennzahlen der Unternehmen in verschiedenen Stakeholder-Dimensionen. Es gibt auch spezielle Erfordernisse für unterschiedliche Sektoren. Je nach den Details, die im Report wiedergegeben werden, können die Unternehmen Noten von A bis C erhalten.

Beispiel: Nachhaltigkeitsreport von BP
Der Nachhaltigkeitsreport von BP für das Jahr 2006 erhielt ein Rating gemäß GRI-Richtlinie von C+, das bedeutet eher geringere Datendichte (C), allerdings mit externer Zertifizierung (+).

Die Kapitel des Reports umfassen folgende Themen:

- Vorwort des Group Chief Executive (Sprecher des Vorstandes)
- Erfolge und Herausforderungen
- Der Energiesektor – ein Lagebericht
- Unsere Arbeitsweise

Kapitel 1: Verantwortungsvolles Handeln im operativen Geschäft

- Prozess- und Arbeitssicherheit
- Der Vorfall in Texas City und erste Konsequenzen
- Verbesserung im Prozesssicherheitsmanagement
- Betriebliche Integrität
- Umweltmanagement
- Rückbau und Sanierung
- Operative Sicherheit
- Engagement in Gemeinden
- Unsere Mitarbeiter
- Rechtskonformität und Ethik

Kapitel 2: BP und der Klimawandel

- Klimawandel
- CO_2-arme Stromerzeugung
- CO_2-armer Transport

Kapitel 3: BP und die Entwicklung

- Unsere Rolle in der Entwicklung
- Förderung guter Unternehmensführung
- Unternehmensentwicklung
- Bildung
- Energie für die Entwicklung

Anhang

- Performance-Daten der letzten fünf Jahre
- Trends und Interpretationen
- Unabhängiges Assurance Statement (Bestätigungsvermerk) für das BP Management
- Weitere Informationen

Der Report wurde von der Wirtschaftsprüfungskanzlei Ernst & Young geprüft.

Weil das Vertrauen auf den Wahrheitsgehalt der Daten Vorrang hat, werden auch immer mehr Bestätigungsvermerke von eigens auf Nachhaltigkeitsreporting spezialisierten Wirtschaftsprüfern oder auch von den großen weltweit tätigen Kanzleien eingeholt. Ein Problem dabei ist, dass es sich bei den zu prüfenden Daten zum Teil um Soft Facts handelt. Der Trend zu Bestätigungsvermerken ist vor allem im anglo-amerikanischen Raum stark ausgeprägt.

Beispiel: Der Standard AA1000 für Nachhaltigkeitsberichterstattung
Der Standard AA1000 wurde im Jahr 1999 in Großbritannien entwickelt. Er ist dreistufig aufgebaut. AA1000 umfasst die Planung, Sozial-Buchhaltung und schließlich die Bewertung und den Bericht. In Großbritannien ist die externe Überprüfung und Bestätigung von Nachhaltigkeitsberichten oft auf AA1000 aufgebaut.

Von den größten 1800 Weltkonzernen veröffentlicht derzeit rund die Hälfte regelmäßig einen Nachhaltigkeitsbericht. Besonders hoch ist die Dichte der Reports in Großbritannien mit 67 und im restlichen Europa mit 56 Prozent. Die USA liegen mit 29 Prozent vergleichsweise deutlich zurück. Interessant ist, dass die Wahrscheinlichkeit für einen Nachhaltigkeitsbericht mit der

Größe der Unternehmen ansteigt. Von den 180 größten Unternehmen publizieren 82 Prozent einen Nachhaltigkeitsreport.

Bestätigungsstempel für Nachhaltigkeit – Zertifizierung nachhaltiger Investmentprodukte

Wie dargestellt sind nachhaltige Investments also sehr vielfältig. Unterschiedliche Prinzipien und Systeme werden angewandt, außerdem weichen verschiedene Sub-Stile nochmals voneinander ab. All das macht eine Beurteilung und einen Vergleich der Produkte nicht gerade einfacher.

Seit der Jahrtausendwende gab es in Europa einige Versuche, ein Zertifikat oder Label ins Leben zu rufen, das nachhaltigen Fonds die nachhaltige Ausrichtung bestätigen soll. Ein Ergebnis gab es bislang allerdings nicht. Renommierte Anbieter von nachhaltigen Anlageprodukten sind an einem gemeinsamen Label auch nicht wirklich interessiert, da sie sich im Laufe der Zeit bereits eine eigene Marke aufbauen konnten.

Info-Box

Argumente für und gegen Zertifikate bei Nachhaltigkeitsfonds

Obwohl die Unterschiede zwischen den einzelnen Produkten einen Vergleich erschweren, ist es trotzdem vor allem für den Privatkunden angenehm, ein geprüftes Produkt vorzufinden. So gesehen schafft ein Label Vertrauen. Auf der anderen Seite hat die Zahl an Öko- und Nachhaltigkeitslabeln in anderen Produktgruppen (wie zum Beispiel Nahrungsmittel und Kleidung) zuletzt überhand genommen. Die Akzeptanz der Zertifikate beim Kunden ist deshalb zurückgegangen. In Ermangelung eines Labels außerhalb Österreichs kann sich der Kunde für eine objektive Beurteilung in Publikationen oder Webseiten für nachhaltige Konsumenten und Investoren schlau machen – oder noch besser, sich die Zeit nehmen und selbst vergleichen.

Derzeit gibt es weltweit lediglich zwei Zertifikate für Nachhaltigkeitsfonds, die aber auf drei spezifische Länder beschränkt sind. Es sind dies Australien/Neuseeland und Österreich. Das australisch/neuseeländische Label nimmt eine eher oberflächliche Überprüfung vor und kann relativ einfach erworben werden.

Beim österreichischen Label ist die Situation etwas anders. Das Label hat einen ökologischen Ursprung und wird auch als „Umweltzeichen für Grüne Fonds" bezeichnet. Es wurde vom Verein für Konsumenteninformation (VKI) im Auftrag des Österreichischen Lebensministeriums gemeinsam mit Experten im Bereich des nachhaltigen Investments erarbeitet. Das Umweltzeichen basiert nach der per Anfang 2008 erfolgten Überarbeitung auf obligatorischen Ausschlusskriterien. Geprüft werden die Qualität des verwendeten Researchs, des Prozesses und der Transparenz. Kriterien und Best-in-Class-Systeme werden ebenfalls in den Prüfungsprozess mit einbezogen.

Abgesehen von den diskutierten Labels ist Transparenz für nachhaltige Anlageprodukte eine wesentliche Voraussetzung. Zur Sicherstellung guter Transparenzstandards für Nachhaltigkeitsfonds hat die europäische Vereinigung für nachhaltige Investments – das Eurosif (European Social Investment Forum) – im Jahr 2004 Transparenzleitlinien erarbeitet.

Prinzipiell fokussieren die Eurosif Transparenz-Leitlinien Nachhaltigkeits-Publikumsfonds, um die Transparenz gegenüber Privatanlegern zu verbessern. Die Leitlinien bieten aber auch die Möglichkeit für Fonds, ihren Ansatz in Bezug auf Nachhaltigkeit klar darzulegen. Das eigene Vorgehen kann so besser transparent gemacht werden.

Die Leitlinien umfassen mehrere Kategorien:

- Grundlegende Informationen über den Fonds, wie den Namen des Fondsmanagers und das Volumen des Fonds
- Spezifische Investmentkriterien des Nachhaltigkeitsfonds, wie die Definition von Nachhaltigkeit und die Zielsetzungen des Fonds
- Details über das zugrunde liegende Researchverfahren
- Informationen zur Auswertung und Umsetzung der extrafinanziellen Daten im Fondsmanagement
- Angaben zu einem eventuell vorhandenen Engagement-Ansatz des Fonds und zur daraus resultierenden Kommunikation mit Unternehmen

- Details zum Wahl- bzw. Abstimmungsverhalten für solche Fonds, die ihre Stimmrechte nutzen
- Angaben über die regelmäßige Publikation von Aktivitäten des Fonds wie etwa Fondsstruktur und Engagementaktivitäten

Info-Box

Der Vorteil der Unterzeichnung der Eurosif Transparenz-Leitlinien für Fonds

Durch die Unterzeichnung der Transparenzleitlinien und die Veröffentlichung der in den Leitlinien festgelegten Information auf der Homepage des Asset Managers kann man dem Fondsinvestor wertvolle Informationen aus erster Hand liefern. Der individuelle Nachhaltigkeitsansatz der Fonds kann optimal weitergegeben werden. Investmentportale liefern zwar ebenfalls gute Informationen, bei ihnen können sich aber hin und wieder Fehler „einschleichen". Durch die Transprenz-Leitlinien können mehr und eindeutig richtige Informationen kommuniziert werden.

Nachhaltigkeitsinitiativen der internationalen Staatengemeinschaft – Global Compact, Millennium Development Goals und UNEP FI

Die Nachhaltigkeitsdiskussion ist auch für die UNO ein wichtiges Thema. Daher hat die Staatengemeinschaft einige Initiativen zur nachhaltigen Entwicklung und auch zur nachhaltigen Geldanlage lanciert.

Die UN-Initiative „Global Compact" wurde 1999 vom damaligen UN-Generalsekretär Kofi Annan ins Leben gerufen. Global Compact besteht aus neun der nachhaltigen Idee folgenden Leitprinzipien in den Bereichen Menschenrechte, Arbeitsnormen und Umweltschutz. Global Compact beruht auf Freiwilligkeit. Unternehmen können beitreten und dann ihr betriebliches Handeln an den Grundsätzen ausrichten. Bis dato wurde Global Compact von 3.800 Teilnehmern, davon 2.900 Unternehmen, unterzeichnet.

Die Leitsätze gemäß Global Compact sind:

1. … den Schutz der internationalen Menschenrechte in ihrem eigenen Einflussbereich zu unterstützen und zu respektieren
2. … sicherzustellen, dass das eigene Unternehmen sich nicht an Menschenrechtsverletzungen beteiligt
3. … die Wahrung der Vereinigungsfreiheit und die wirksame Anerkennung des Rechts zu Kollektivverhandlungen
4. … die Abschaffung jeder Art von Zwangsarbeit
5. … die Abschaffung der Kinderarbeit
6. … die Beseitigung der Diskriminierung bei Anstellung und Beschäftigung
7. … im Umgang mit Umweltproblemen einen vorsorgenden Ansatz zu unterstützen
8. … Schritte zur Förderung einer größeren Verantwortung gegenüber der Umwelt zu ergreifen
9. … auf die Entwicklung und Verbreitung umweltfreundlicher Technologien hinzuwirken

Beispiel: Global Compact und Nachhaltigkeit
Die Bedeutung von Global Compact soll an dieser Stelle relativiert werden. Die Unterzeichnung von Global Compact ist wie erwähnt freiwillig. Eine Sanktionsmöglichkeit für Unternehmen, die gegen diese Leitsätze verstoßen, ist nicht vorgesehen. Die Prinzipien sind als Minimalstandards zu sehen, die auf Dokumenten beruhen, die von einem Großteil der Völkergemeinschaft akzeptiert werden und die daher ohnehin in die nationale Rechtsprechung eingeflossen sind. Die Unterzeichnung der Global-Compact-Prinzipien macht Unternehmen somit nicht sofort zu nachhaltigen Aushängeschildern.

Die UNO hat im Jahr 2000 die sogenannten Millennium Development Goals – also die Entwicklungsziele für das neue Jahrtausend – formuliert. Das übergeordnete Ziel dabei ist es, die weltweite Armut bis 2015 zu halbieren. Die Ziele im Einzelnen sind:

- den Anteil der Weltbevölkerung, der unter extremer Armut und Hunger leidet, zu halbieren
- allen Kindern eine Grundschulausbildung zu ermöglichen

- die Gleichstellung der Geschlechter zu fördern und die Rechte von Frauen zu stärken
- die Kindersterblichkeit zu verringern
- die Gesundheit der Mütter zu verbessern
- HIV/AIDS, Malaria und andere übertragbare Krankheiten zu bekämpfen
- den Schutz der Umwelt zu verbessern
- eine weltweite Entwicklungspartnerschaft aufzubauen

UNEP FI steht für United Nations Environment Programme Finance Initiative. Dabei handelt es sich um eine Partnerschaft des UN-Umweltprogramms mit dem Finanzsektor. Bisher haben 160 Finanzinstitutionen die UNEP-FI-Richtlinien unterschrieben. Ziel der Initiative ist eine Unterstützung der Themen Umwelt, Nachhaltigkeit und finanzielle Performance. Die Initiative hat in den letzten Jahren eine Reihe von interessanten Studien zum Thema nachhaltiges Investment unterstützt und das Thema bei vielen Finanzinstitutionen erst „salonfähig" gemacht.

Global Compact und UNEP FI sind beachtenswerte Initiativen, aber sie haben Grenzen. Nicht jedes Unternehmen, das Global Compact unterzeichnet, ist deshalb als nachhaltig zu betrachten. Es handelt sich um eine freiwillige Unterzeichnung ohne Verpflichtungen. Ähnlich verhält es sich mit UNEP FI. Banken, die bei der Initiative mitmachen, mögen einen kleinen Teil ihrer Researchressourcen widmen. Kritisch betrachtet kann, muss aber keine echte Überzeugung für das Thema „nachhaltige Geldanlage" dahinterstecken.

Alles in allem sind die UN-Initiativen somit keinesfalls als Alternative zu einem detaillierten Nachhaltigkeitsresearch zu sehen. Sie zeigen aber das deutlich erhöhte Interesse der internationalen Staatengemeinschaft an den Themen nachhaltige Entwicklung und nachhaltige Geldanlagen.

Ein Hauch von verantwortungsvoller Exotik? - Alternative Assetklassen und Nachhaltigkeit

Als alternative Assetklassen bezeichnet man meist Immobilien, Private Equity und Hedgefonds. Diese Anlageformen eignen sich für Portfolios als Erweiterung der traditionellen Bestandteile, nämlich Aktien und Anleihen.

Im Bereich der Immobilien wird oft davon ausgegangen, dass es kaum Ansatzpunkte für Kritik gibt – und zwar aus nachhaltiger Sicht. Diese Betrachtung ist allerdings sehr oberflächlich. Denn es ist vor allem die Energiebilanz der Gebäude, die von Interesse ist. Wärmedämmung, energiesparende Beleuchtung und ökologische Baustoffe bei Neubauten sind nur drei interessante Themen. Aus sozialer Sicht ist der Umgang mit Stakeholdern, wie benachbarten Grundbesitzern oder der zuständigen Gemeinde im Fall von Neubauten, von Interesse. Und schließlich mag es manchmal auch ethische Bedenken geben, und das nicht nur im Fall von Immobilien im Rotlichtmilieu.

Bei Büroimmobilien ist der Mieter das entscheidende Kriterium, dieser kann ja entweder eine Friedensbewegung oder ein internationaler Rüstungskonzern sein. Das Angebot an nachhaltigen Immobilienanlagen ist bis jetzt auf Einzeltitel beschränkt. Einige Immobilien-Unternehmen haben nämlich erkannt, dass sich mit nachhaltigen Strategien auch Geld machen lässt, etwa bei geringerem Strom- oder Wasserverbrauch.

Beispiel: Alte und neue nachhaltige Immobilien

Nachhaltigkeit kann sowohl bei unter ökologischen Aspekten renovierten als auch bei nach den neuesten ökologischen Kriterien errichteten Neubauten ein Thema sein. Altbauten können unter Verwendung entsprechender Baumaterialien und Energiespartechnologien in ihrer Energieeffizienz auf den letzten Stand gebracht werden. Ein Beispiel hierfür sind Unternehmen, die stark im Bereich der Revitalisierung von Altbauten tätig sind. Im Gegensatz dazu kann bei Neubauten bereits in der Planungsphase eine Optimierung aus ökologischer Sicht umgesetzt werden.

Private-Equity-Anlagen und ihre Verwandten, die Venture-Capital-Fonds, haben mitunter ein schlechtes Image was Nachhaltigkeit betrifft. Aber unter den „Heuschrecken" gibt es auch nachhaltige Alternativen.

Info-Box

Venture Capital und Private Equity

Unter Venture Capital versteht man die Finanzierung der Frühphase einer Unternehmensentwicklung. Nach der Unternehmensgründung kann ein Unternehmer mit einer Produktidee dastehen, ohne über das notwendige Kapital zu verfügen, um die Produktchance tatsächlich zu verwirklichen. In diesem Fall stehen Venture-Capital-Unternehmen mit Rat und Tat – und meist noch wichtiger Kapital – zur Seite und begleiten das Unternehmen in seiner Entwicklung. Private Equity weist ähnliche Strukturen auf, beginnt aber erst auf einer späteren Stufe der Unternehmensentwicklung. Die Unternehmen, die von Private-Equity-Investoren finanziert werden, sind bereits älter und größer. Manchmal kaufen Private-Equity-Unternehmen auch börsennotierte Unternehmen, um diese ertragsmäßig zu optimieren, was mit Strukturzerschlagungen und Entlassungen verbunden sein kann („Heuschrecken").

Besonders im Bereich der Frühfinanzierung von Unternehmen gibt es einige Firmen, die sich auf Umwelttechnologien spezialisieren. Sogenannte Clean Energy Funds – also Fonds, die auf saubere Energieerzeugung setzen – sind ein Teil des Versuches einer technologischen Antwort auf die Bedrohung durch Klimawandel und Umweltverschmutzung. Diese Fonds kaufen Beteiligungen an kleinen Unternehmen, die im Bereich Umwelttechnologie tätig sind und noch nicht über Börsenreife verfügen.

Die Assetklasse der Hedgefonds versucht Marktineffizienzen auszunutzen. Im Bereich der Hedgefonds gibt es eine große Menge an Sub-Stilen. Ihnen allen ist gemein, dass sie auf kurzfristigen Ertrag aus sind. Außerdem lassen die meisten Hedgefonds die notwendige Transparenz vermissen, wohl auch aufgrund der Angst vor der Konkurrenz in einem sehr kurzfristigen Geschäft. Neben Kurzfristigkeit und mangelnder Transparenz ist auch die Spekulation ein wesentlicher Punkt der Kritiker. Hedgefonds haben die Möglichkeit, leer zu verkaufen oder „short zu gehen" – also Aktien zu verkaufen, die sie nicht besitzen – und sind außerdem stark in volatilen und teilweise auch spekulativen Papieren und Strukturen – wie Futures und Optionen – angelegt.

Info-Box

Sub-Stile bei Hedgefonds

Es gibt sehr viele Sub-Stile. Ein Beispiel sind sogenannte Long/Short Equity Produkte, wo der Manager Aktien kauft (long geht) und andere verkauft (short geht), wenn er sich von einigen Aktien (die er kauft) deutlich mehr Potential erwartet als von anderen (die er verkauft). Ein anderer Stil ist „Merger Arbitrage", wo man mit dem Kauf oder Verkauf von Aktien für oder gegen den Erfolg einer Übernahme oder eines Unternehmenszusammenschlusses wettet. Der Stil „Global Macro" schließlich ist der Versuch, große Trends in unterschiedlichen Märkten vorwegzunehmen. Ein bekannter Vertreter dieses Segments ist George Soros, der mit seinen Spekulationen in der Vergangenheit unter anderem einige Staaten und Währungssysteme in arge Bedrängnis brachte.

Die Umsetzung von nachhaltigen Alternativen im Bereich der Hedgefonds ist in bestimmtem Ausmaß möglich. So können Hedgefonds Manager etwa Aktien nachhaltig interessanter Unternehmen kaufen und Papiere von nachhaltig uninteressanten Unternehmen verkaufen. Auf dieser Basis wurden in den letzten Jahren einige nachhaltige Long/Short Equity Hedgefonds ins Leben gerufen. Auf der anderen Seite gibt es auch einige wenige nachhaltige Hedge-Dachfonds. Diese formulieren eine Strategie – wie Kriterien und/oder Best-in-Class – und verwenden diese für alle Hedgefonds-Sub-Stile. Die Einschränkung dabei ist, dass etwa für Rohstoffe als Assetklasse keine Nachhaltigkeitsratings verfügbar sind.

Kapitel 4: Ertrag

Viele Statistiken belegen, dass Geldanlagen in nachhaltige Investmentprodukte finanziell äußerst lukrativ sein können. Um erfolgreich zu sein, ist es allerdings wesentlich, eine optimale Auswahl unter verschiedenen Typen von Produkten und Einzelinvestments zu treffen.

Den anderen einen Schritt voraus - Antizipation

Gute Geldanlagen erfordern immer, den anderen einen Schritt voraus zu sein. Der nachhaltige Investmentstil erfüllt diese Voraussetzung, denn er nimmt Entwicklungen auf ökologischer wie sozialer Ebene vorweg – er antizipiert. Aus nachhaltiger Sicht formulierbare Erwartungen hinsichtlich neuer Trends können die Geschäftsmodelle der Unternehmen für die nähere, aber vor allem fernere Zukunft beeinflussen.

Jede Zeit und Epoche hat ihre speziellen großen und bahnbrechenden Trends, die sogenannten Megatrends. Kann der Investor derartige Trends in der Gesellschaft aufspüren und in seinen Investitionen nutzen, so sollte überdurchschnittlichen Erträgen nichts mehr im Wege stehen.

Beispiele: Megatrends
Vier Beispiele sollen die Bedeutung und Relevanz von Megatrends für nachhaltige Investitionen aufzeigen:

1. Ökologische Unsicherheit durch den Klimawandel: Die Naturkatastrophen in den letzten Jahren sind beängstigend. Man denke an die Hochwasser in Österreich und Deutschland im Spätsommer 2002 oder in England 2007 sowie an die Brände in Südeuropa im Sommer 2007.
   Wesentlich für nachhaltige Investoren => Berücksichtigung von Emissionen – darunter insbesondere CO_2 – und auch der generellen ökologischen Performance von Unternehmen.

2. Gesundes Leben: Dieses Thema wurde, auch in Verbindung mit einem wachsenden Misstrauen gegenüber dem Bereich der Lebensmittelproduktion durch Seuchen wie BSE oder der Diskussion um die Reinheit des Trinkwassers, verstärkt.
   Wesentlich für nachhaltige Investoren => Unternehmen in der Nische der alternativen Nahrungsmittelproduktion werden zu einer interessanten Alternative für Investoren.

3. Markenname: Markennamen und positive Reputation werden in der Öffentlichkeit und für Konsumenten immer bedeutender. Unternehmen investieren daher in Öffentlichkeitsarbeit und in ihre Marke.

Wesentlich für nachhaltige Investoren => Untersuchungen, ob Versprechungen von Unternehmen im Zusammenhang mit nachhaltigen Themen auch tatsächlich eingehalten werden.

4. Humankapital: Mitarbeiter sind vielleicht der wesentlichste Erfolgsfaktor für Unternehmen. Eine Pflege der menschlichen Ressourcen ist daher entscheidend für den langfristigen Geschäftserfolg.
   Wesentlich für nachhaltige Investoren => Untersuchungen im Bereich der sozialen Standards mit Blickrichtung auf den Themenbereich Mitarbeiterentwicklung.

Wie in der folgenden Darstellung ersichtlich, sind viele Megatrends mit dem nachhaltigen Thema verwoben. Möglicherweise ist das Thema Nachhaltigkeit selbst ja ein wesentlicher Megatrend in unserer Gesellschaft. Eine Befragung unter Unternehmenschefs in aller Welt zeigte, dass die Angst und Besorgnis rund um unsere Umwelt als Megatrend Nummer Eins gewertet wird. An zweiter Stelle folgt sogleich die Problematik rund um die Ausbeutung der Bodenschätze und deren drohende Verknappung.

Unternehmen ↑ (betrifft vor allem)

Transparenz der Unternehmen =>	Veröffentlichung und Berücksichtigung extrafinanzieller Daten
Corporate Governance =>	Stärkung der Position der Stakeholder
Markenname und Reputation =>	Stärkung der Position der Kunden gegenüber dem Unternehmen
Ökologische Unsicherheit =>	Stärkung des Umweltgedankens allgemein und der Bedeutung von Umwelttechnologien
Steigender Energieverbrauch =>	Suche nach Alternativkonzepten
Betonung des Humankapitals =>	Stärkere Berücksichtigung der Mitarbeiterinteressen
Trend zum „gesunden Leben" =>	Fokus auf Herstellung von Lebensmitteln und Bio-Produkten
Wertewandel =>	Verantwortung des Einzelnen wird bedeutender
Demografische Entwicklung =>	Langfristige Konzepte für eine alternde Gesellschaft

↓ **Einzelperson**

Abbildung: Megatrends und Nachhaltigkeit

Megatrends betreffen Unternehmen sowie den Einzelnen und die damit verbundene Verantwortung von Unternehmen gegenüber den einzelnen Individuen. Transparenz, Corporate Governance und der Markenname sind typisch unternehmensrelevante Trends. Ökologische Unsicherheit, steigender Energieverbrauch und die Betonung des menschlichen Kapitals oder Humankapitals betreffen sowohl Unternehmen als auch den Einzelnen. Schließlich sind Veränderungen, die sich aus dem demographischen Wandel, dem Wertewandel und dem Trend zum gesunden Leben ergeben, vor allem für das einzelne Individuum von Interesse.

Wenn es um die Vorwegnahme von Entwicklungen geht, dann sind künftige Gesetze ein wesentliches Thema. Interessanterweise hinken gesetzliche Regelungen der wirtschaftlichen Entwicklung meist hinterher. Das heißt, dass neue Entwicklungen Probleme aufwerfen, die zu lösen sind.

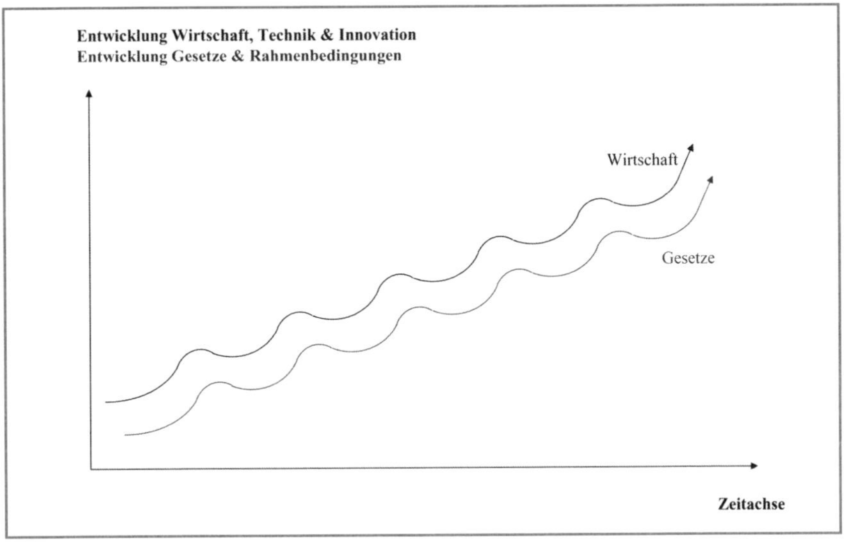

Abbildung: Wirtschaft und Gesetze

Beispiel: Umweltmanagementsysteme
Es gibt unterschiedliche Normen für Umweltmanagementsysteme wie ISO oder EMAS. Unternehmen können einzelne Standorte oder auch das ganze Unternehmen selbst nach diesen Standards zertifizieren lassen. Umweltmanagementsysteme sind derzeit nicht gesetzlich vorgeschrieben, sie könnten aber durchaus in Zukunft obligatorisch werden. Auch wenn Umweltma-

nagementsysteme im Moment nicht verpflichtend sind, so erleichtern sie trotzdem die Einschätzung eines Standortes oder Unternehmens, was den Umgang mit Ressourcen und Umwelt betrifft.

Die Gesetze können die notwendigen Regeln also erst im Nachhinein aufstellen und damit die Probleme lösen. Allerdings können bis zum Nachziehen der Gesetze – je nach Art und Dringlichkeit der Problemstellung – einige Jahre vergehen. Nachhaltige Anlageformen versuchen, solche Veränderungen zum Teil schon frühzeitig vorwegzunehmen und profitieren dann, wenn die neuen Regelungen zum Einsatz kommen.

Welche Rendite können nachhaltige Investments erbringen? – Wertentwicklung/Performance

Das Vorurteil einer schlechteren Wertentwicklung durch nachhaltige Investitionen ist, wie viele Beispiele und Studien in jüngster Zeit zeigen, nicht gerechtfertigt. Oft werden fünf verschiedene Argumente für oder gegen nachhaltiges oder ethisches Investment ins Treffen geführt. Es sind dies:

1. Nachhaltige Investoren beschränken ihre Anlagemöglichkeiten zu stark – der Diversifikationseffekt

Nachhaltige Anlagen schließen teilweise Branchen und Themen aus (wenn Ausschlusskriterien zur Anwendung kommen), daher ist die Basis für die Auswahl des Fonds kleiner. Natürlich könnten sich auch interessante Aktien unter den ausgeschlossenen Titeln befinden. Auf der anderen Seite haben nachhaltige Investments aber auch eine positive Seite, was die Diversifikation angeht: Sie selbst sind nämlich eine interessante Beimischung für sonst konventionelle Portfolios, weil sie sich in Aufwärts- wie Abwärtstrends anders verhalten als herkömmliche Portfolios.

Beispiel: Der Investor Konstanz Klever

Konstanz Klever hat das Ziel konstanter Erträge. Für ihn ist das beste Portfolio, das mit dem ausgewogensten Ertrag. Konstanz Klever investiert nicht in Einzelaktien, sondern in eine Vielzahl von Fonds. Unter den Fonds sind einzelne Regionen – wie Nordamerika, Asien und Europa – und Themen – wie Infrastruktur, Umwelt und Klimaschutz – zu finden. Die Fonds sind so ausgewählt, dass sie sich möglichst unterschiedlich entwickeln. Das heißt, bei gleichem Ertrag des Portfolios sollten immer unterschiedliche Bausteine für den – konstanten – Ertrag sorgen. Nachhaltige Themen wie Umwelt oder Klimaschutz weichen insofern von der Entwicklung anderer Investments ab, als hier etwa der Ölpreis eine wesentliche Rolle spielt.

2. Kleine und mittlere Unternehmen bekommen oft gute nachhaltige Noten – der Small Cap Effekt

Es ist nachweisbar, dass nachhaltige Investoren überdurchschnittlich in kleine und mittelgroße Unternehmen (Small and Mid Caps) investieren. Aktien von Small und Mid Caps sind zwar langfristig ertragreicher als Aktien großer Unternehmen, sie schwanken aber stärker. Somit ist dieser Effekt als langfristig positiv anzusehen. Kurzfristig können allerdings kleine und mittlere Unternehmen stärkere Kursausschläge aufweisen als Großunternehmen.

Beispiel: Die kleine, aber feine Windkraftschmiede
Das (fiktive) Unternehmen Monsun AG wurde erst vor zehn Jahren gegründet und hat sich auf Spezialkomponenten für Windkraftanlagen spezialisiert. Es notiert seit einem Jahr an einer Wachstumsbörse. Durch Großaufträge und wenig Umsatz in der Aktie ist das Auf und Ab im Kurs überdurchschnittlich. Die erhöhte Volatilität tut aber der langfristig positiven Kursentwicklung keinen Abbruch. Der Kurs der Monsun AG steigt unter hoher Schwankung auf Dauer stärker an als der Kurs großer Titel in der Energiebranche.

3. Die nachhaltige Denkweise in der Geldanlage nimmt Entwicklungen vorweg – der Antizipationseffekt

Wie erwähnt ist es eines der Grundprinzipien nachhaltiger Geldanlagen, Trends vorwegzunehmen. Eine Liste mit aktuellen und nachhaltigen Megatrends wurde bereits dargestellt und diskutiert. Nachhaltige Investoren neigen dazu, zum Beispiel neue Gesetze (wie strengere Abgasnormen usw.) in der Auswahl ihrer Investments zu antizipieren und die Unternehmen zu bevorzugen, die zu den Early Movers zählen, die also frühzeitig agieren.

Beispiel: Die umweltfreundliche Zementfabrik

Der Zementsektor galt historisch als einer der großen Umweltsünder. Mittlerweile wurden in vielen Ländern Gesetze erlassen, die den Ausstoß der Fabriken beschränken und Filtersysteme vorschreiben. Der Investor könnte aktuell vor der Wahl eines Investments zwischen zwei Zementunternehmen stehen: einem Unternehmen, das vorsorglich alle Normen übererfüllt, und einem zweiten, das die gesetzlichen Regelungen gerade noch erfüllt und außerdem in Länder ausweicht, in denen die Regelungen (noch) nicht so streng sind. Antizipiert der Investor die zukünftige Entwicklung, so wird im klar sein, dass auf das zweite Unternehmen mit hoher Wahrscheinlichkeit hohe Investments zur Erfüllung umweltschutztechnischer Standards zukommen, denn sowohl in den Industrieländern als auch in weniger entwickelten Regionen ist der Trend zu höheren Umweltauflagen nicht mehr aufzuhalten.

4. Mehr wissen ist immer gut – der Informationseffekt

Nachhaltige Investoren berücksichtigen sowohl finanzielle als auch extrafinanzielle Informationen. Sie sind daher besser und umfassender informiert als konventionelle Investoren. Die zusätzlichen Informationen betreffen dabei beispielsweise Risikoaspekte des Unternehmens wie Umweltrisiko oder Reputationsrisiko.

Beispiel: Der einäugige und weit denkende Analyst

Fundamentalanalysten sind oft nur auf harte Fakten konzentriert. Nachhaltige Investoren denken weiter. So geschehen beim Fabrikbesuch der Kolben & Pleuel AG: Der Unternehmenschef führt die Besucher durch das Unternehmen und führt seinen tollen Maschinenpark vor. Er schwärmt von den guten Finanzzahlen der Kolbel & Pleuel. Die Mitarbeiter an den Werkbänken fühlen sich beim Besuch des Chefs jedoch nicht wirklich wohl. Einer, der irrtümlich im Weg steht, wird vom Chef gleich angeschnauzt. Der Fundmentalanalyst schwärmt nachher von den Zukunftsprognosen, der nachhaltige Investor fragt sich, ob das Unternehmen mit diesem Führungsstil auch nachhaltig und langfristig Erfolg haben kann.

Der Informationseffekt baut auf der Annahme auf, dass nachhaltige Investoren mehr über die Unternehmen wissen und daher bessere Entscheidungen für ihre Investments treffen können. Die Berücksichtigung von finanziellen Informationen (Hard Facts) und extrafinanziellen Informationen (oft Soft Facts) führt zu einem Mehr an Information und zu einem verstärkten Bewusstsein, was Risiken betrifft, die sich aus Stakeholderbeziehungen und aus Umweltbelangen ergeben. Es entsteht ein „Eisberg-Effekt". Während konventionelle Investoren nur „die Spitze des Eisberges" und die Hard Facts erkennen können, nutzen nachhaltige Investoren auch die vielfältigen Informationen „unter dem Meeresspiegel", die oft Soft Facts betreffen.

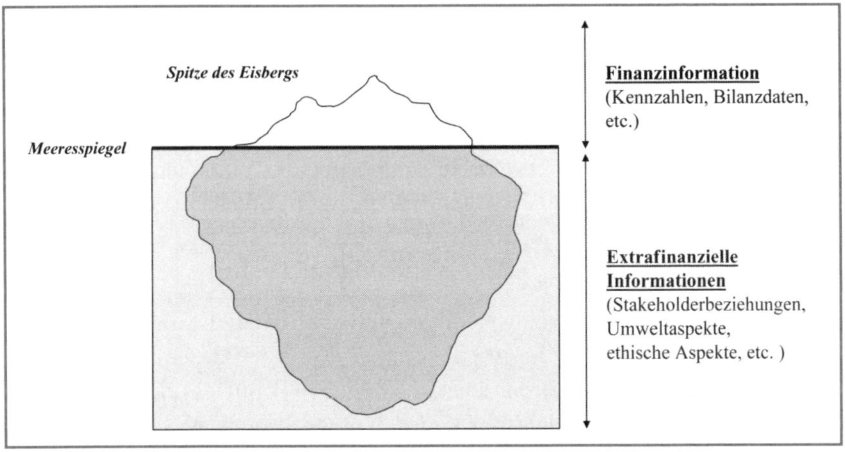

Abbildung: Der „Eisberg-Effekt" der nachhaltigen Geldanlage

5. Unternehmen mit Erfolg denken oft über den Tellerrand hinaus – der Effekt der positiven Auswahl

Gut geführte Unternehmen haben in der Regel mehr Sinn für nachhaltige Strategien als Unternehmen, die wirtschaftliche Probleme haben. Gute Unternehmen scheinen sich dementsprechend in einem selbst verstärkenden positiven Regelkreis zu befinden, der auch nachhaltige Aspekte enthalten kann.

Beispiel: Der Fastkonkurs der Kippen AG

Die Kippen AG ist wegen fehlgeschlagener Auslandsexpansionen und wegen der durch eine Währungsabwertung gestärkten Konkurrenz gehörig unter Druck geraten. Der Vorstand muss die Probleme sanieren und einige Abwertungen in der Bilanz von Kippen vornehmen. Der ursprüngliche Plan, ein Nachhaltigkeitskonzept einzuführen, wird wegen der aktuellen Probleme zurückgestellt. Das Konzept, das Zeit und Anfangskosten mit einschließt, wird um zumindest ein Jahr verschoben.

	Negatives Argument	Positives Argument
Diversifikationseffekt	- -	+
Small Cap Effekt	-	+
Antizipationseffekt		+ +
Informationseffekt		+ +
Effekt der positiven Auswahl		+

Abbildung: Effekte im nachhaltigen Investment

Insgesamt belegt eine Vielzahl von internationalen Studien zum Thema nachhaltiges Investment, dass die Wertentwicklung nachhaltiger Investitionen zumindest gleich gut wie jene konventioneller Produkte verläuft. Auch das Konzept der doppelten Dividende geht in diese Richtung. Der Aktionär, der nachhaltig anlegt, verdient doppelt. Und zwar einerseits am Investment oder Fonds und dessen Kursentwicklung, und andererseits, weil nachhaltige Unternehmen den Themen Umwelt und Soziales mehr Beachtung schenken als ihre Konkurrenten.

Effekte & Themen	***Autoren & Publikationen***
Analyse des Stilwechsels von Investmentfonds von konventionell zu nachhaltig	Mill 2006
Argumente für und gegen nachhaltige Anlagen	Sparkes 1995
„Diversifikationseffekt"	Camejo 2002, Mackenzie 1998, Havemann & Webster 1999, Cooper & Schlegelmilch 1993
„Small Cap Effekt"	Gregory 1997, Kempf & Osthoff 2006
„Antizipationseffekt"	diBartolomeo & Kurtz 1999, Klassen & McLaughlin 1996, Gunthorpe 1997
„Informationseffekt"	Cowton 2004
„Effekt der positiven Auswahl"	McWilliams 2000, Derwall et al. 2005, Webley & More 2003
Einfluss von SRI auf unternehmerisches Verhalten	Barnea et al. 2004, Heinkel et al. 2001, Sparkes & Cowton 2004
Vorteile von nachhaltigem Investment für Stakeholder und Shareholder	Orlitzky et al. 2003
Performance von nachhaltigen Indizes	Schröder 2005
Nachhaltigkeit als ein eigener Sub-Stil im Bereich der Assetklasse Aktien	Schröder 2003
Performance und Portfolio Effekte von verschiedenen Kriterien	Guerard 1997, Diltz 1995, Goldreyer et al. 1999, Benson et al. 2006

Abbildung: Eine Auswahl an Studien zum Thema nachhaltiges Investment

Unterschiedliche Typen von nachhaltigen Fonds weisen, wie in Kapitel 3 dargestellt, unterschiedliche Abweichungen zum Gesamtmarkt auf. Die Abweichung zum Gesamtmarkt wird meist auf Basis des Tracking Errors gemessen. Nachhaltigkeitsfonds weisen deutlich geringere Werte im Tracking Error auf als Themenfonds.

Info-Box

Tracking Error

Der Tracking Error misst die Schwankung in der Differenz zwischen der Rendite eines Portfolios und einer Benchmark. Ein niedriger Tracking Error bedeutet eine sehr ähnliche Wertentwicklung. Der Tracking Error ist höher, je größer die durchschnittliche Abweichung der Fondsentwicklung von der Benchmark ist. Ein Indexfonds, der die Titel der Benchmark voll und ganz übernimmt, weist daher einen sehr geringen Tracking Error auf – meist rund ein Prozent, ein durchschnittlicher globaler Aktienfonds drei bis fünf Prozent.

Die folgende Abbildung zeigt den typischen Zusammenhang zwischen dem Ertrag eines Fonds und seinem Tracking Error. Dabei wird allerdings unterstellt, dass mit steigendem Tracking Error auch das Risiko der Anlage – sprich die Volatilität des Fonds – ansteigt, was zumeist auch der Fall ist.

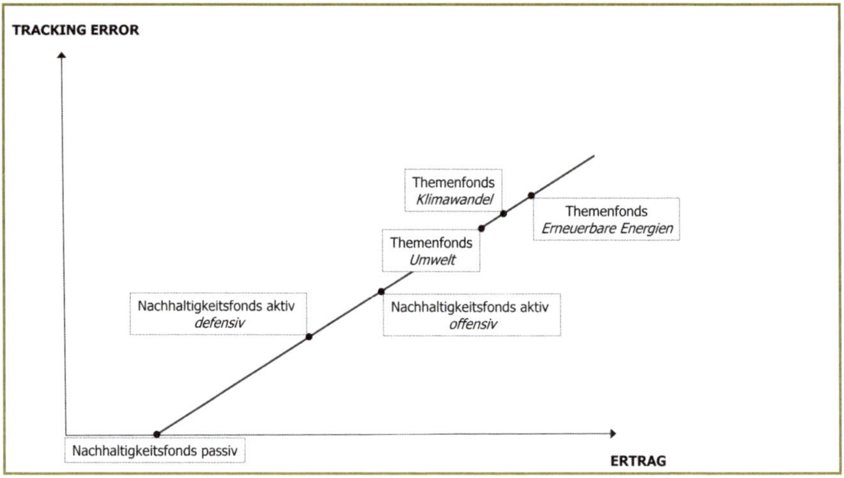

Abbildung: Ertrag und Tracking Error

Im Bereich der Nachhaltigkeitsfonds sollte man defensive und offensive Produkte unterscheiden. Offensive Nachhaltigkeitsfonds setzen deutlich stärker auf ökologische Themen, ohne aber als Umweltthemenfonds bezeichnet werden zu können. Defensive Nachhaltigkeitsfonds sind hingegen der optimale Ersatz für Investments in konventionellen Fondsprodukten. Im Bereich der Themenfonds zeigt die Abbildung, dass mit der Spezialisierung des Fonds auch der Tracking Error und die Ertragserwartung steigen. So sollte der rein auf erneuerbare Energien spezialisierte Fonds eine höhere Ertragserwartung aufweisen als der Klimawandelfonds und dieser wiederum eine höhere als der Umweltfonds.

Beispiel: Performance von Nachhaltigkeitsfonds und Themenfonds

In der Folge sollen zunächst zwei prominente Nachhaltigkeitsfonds aus dem deutschsprachigen Raum mit ihrer Benchmark MSCI World Index verglichen werden. Es handelt sich um den deutschen Fonds Ökoworld Ökovision Classic und den österreichischen Fonds ESPA VINIS STOCK GLOBAL. Beide Fonds konnten die Benchmark in den letzten vier Jahren deutlich schlagen. Der Ökoworld Ökovision Classic lag jedes Jahr um 5,8 Prozent vor dem MSCI World Index und seit Beginn 2004 insgesamt um 39,9 Prozent vorne. Der ESPA VINIS STOCK GLOBAL konnte sich jährlich um durchschnittlich 1,9 Prozent besser entwickeln und insgesamt eine Outperformance von 12,2 Prozent erreichen.

Das Risiko der Fonds ist unterschiedlich ausgeprägt. Der Fonds Ökoworld Ökovision Classic ist deutlich weiter von der Benchmark entfernt als der ESPA VINIS STOCK GLOBAL und als offensiver Nachhaltigkeitsfonds zu betrachten. Der ESPA VINIS STOCK GLOBAL hingegen wäre als klassischer defensiver Nachhaltigkeitsfonds zu betrachten. Auch die Risikokennzahlen belegen die unterschiedliche Ausrichtung ganz deutlich. Gemessen an der Volatilität des Fonds liegt der Ökoworld Ökovision Classic mit einem Wert von 15,5 Prozent deutlich vor dem österreichischen ESPA VINIS STOCK GLOBAL mit 13 Prozent. Auch die Entfernung vom Gesamtmarkt – gemessen anhand des Tracking Errors – ist sehr unterschiedlich ausgeprägt. Sie liegt bei 6,5 Prozent (Ökoworld Ökovision Classic) respektive 4,5 Prozent (ESPA VINIS STOCK GLOBAL). Damit ist der Ökoworld Ökovision Classic deutlich „grüner" oder „strenger" in seiner Ausrichtung als der ESPA VINIS STOCK GLOBAL. Beide sind aber Nachhaltigkeitsfonds; Themenfonds – wie im Anschluss dargestellt – weichen in ihrer Portfoliozusammenstellung noch weiter von der Benchmark ab.

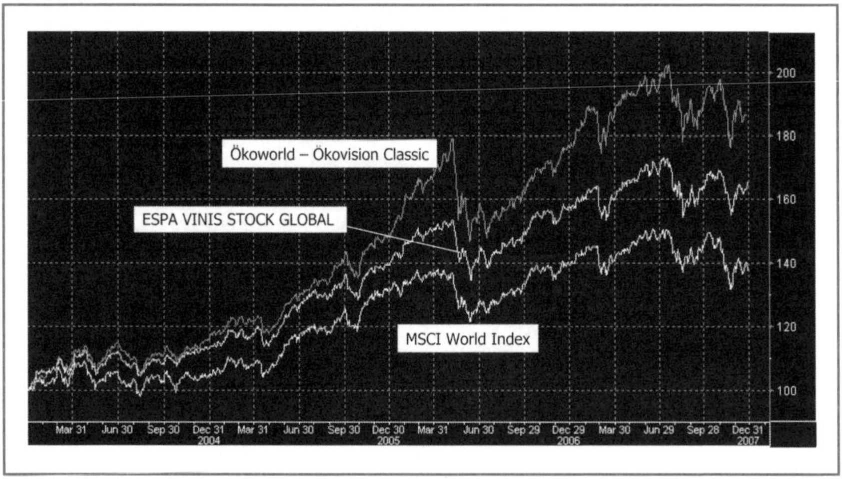

Chart: Performancevergleich Nachhaltigkeitsfonds (Quelle: Bloomberg)

Im Bereich der Themenfonds wurden für einen Vergleich der schweizerische Pictet Water Fund und der österreichische ESPA WWF STOCK UMWELT herangezogen. Themenfonds verwenden in der Regel keine Benchmark im engeren Sinn. Dennoch soll ihre Wertentwicklung wieder mit dem Gesamtmarkt – anhand des MSCI World Index – verglichen werden. Alle zwei Fonds lagen seit Anfang 2004 deutlich vor dem Weltmarkt. Bezüglich ihrer Abweichung vom MSCI World Index liegen die theoretischen Tracking Errors noch deutlich weiter vom Gesamtmarkt entfernt als der oben dargestellte Ökoworld Ökovision Classic.

Die Outperformances auf Jahresbasis liegen bei 5,9 Prozent (Pictet Water Fund) und 8,8 Prozent (ESPA WWF STOCK UMWELT). Insgesamt lagen die Fonds um 34,5 Prozent (Pictet Water Fund) und 54,1 Prozent (ESPA WWF STOCK UMWELT) vor dem MSCI World Index.

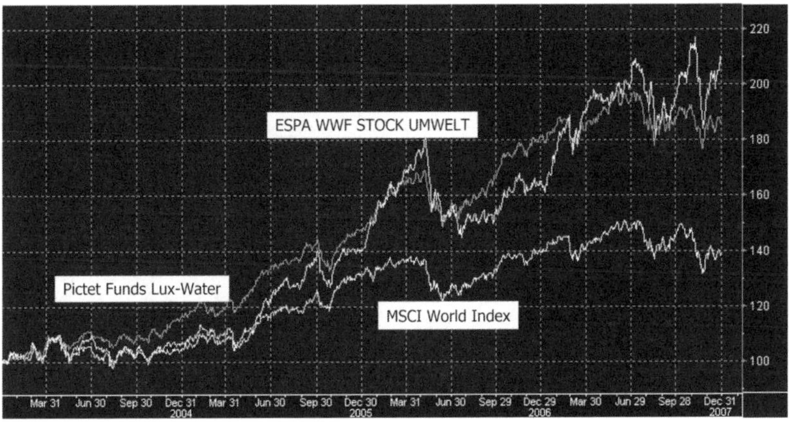

Chart: Performancevergleich Themenfonds (Quelle: Bloomberg)

Auch zahlreiche Einzelaktien mit nachhaltigem Hintergrund konnten sich innerhalb der letzten Jahre sehr erfreulich entwickeln. Die extrem positive Entwicklung im Geschäftsverlauf der Unternehmen und die verstärkte Nachfrage der Investoren führten zu deutlichen Kursanstiegen bei Aktien von Unternehmen, die etwa regenerative Energie oder Wasseraufbereitung als Geschäftszweck haben.

Beispiel: Performance von ausgewählten „grünen Aktien"
Unternehmen aus den Bereichen Solarenergie (Solarworld/Deutschland), Windenergie (Vestas Wind/Dänemark), Holz (Precious Woods/Schweiz) und Wasseraufbereitung (BWT/Österreich) wurden mit der Entwicklung des Gesamtmarktes – auf Basis des MSCI World Index – verglichen.
Seit Anfang 2005 konnte sich Solarworld verzehnfachen und Vestas Wind immerhin verfünffachen. Die Jahresperformances der Aktien lagen bei knapp 137 Prozent (Solarworld) und 96,1 Prozent (Vestas Wind). Im Vergleich dazu konnte der Weltaktienmarkt – gemessen am MSCI World Index – lediglich um 15,6 Prozent zulegen. Der MSCI World Index erscheint aufgrund dieser Dynamik lediglich eine waagrechte Linie zu sein.

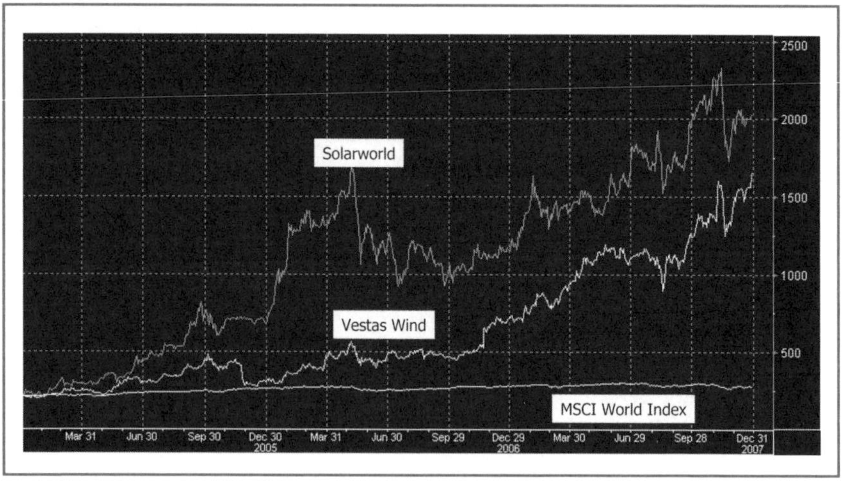

Chart: Performancevergleich erneuerbare Energie (Quelle: Bloomberg)

Ein weniger dramatisches Bild ergibt sich für BWT und Precious Woods. Diese beiden Aktien haben seit Anfang 2005 „nur“ knapp 100 Prozent (BWT) respektive knapp 70 Prozent (Precious Woods) zugelegt. Die Jahresperformances der Aktien lagen bei knapp 27,4 Prozent (BWT) und 20,2 Prozent (Precious Woods). Beide Titel liegen damit aber noch deutlich vor dem MSCI World Index.

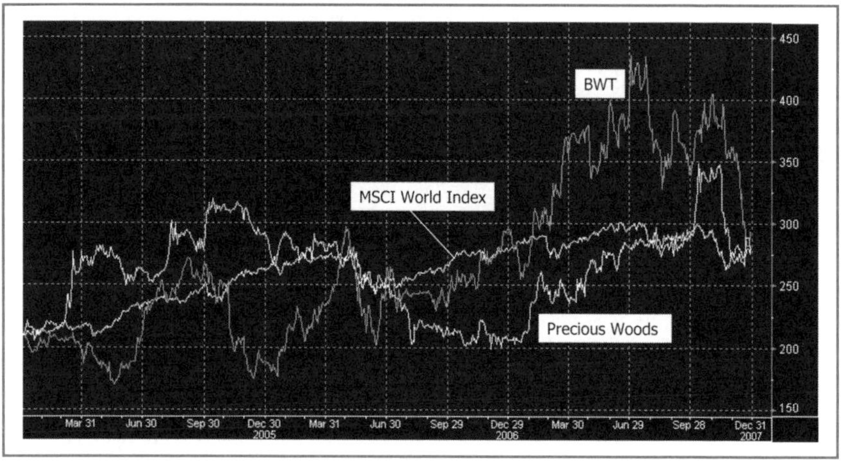

Chart: Performancevergleich Wasseraufbereitung und Holz (Quelle: Bloomberg)

Die in den letzten Jahren beeindruckende Kursentwicklung bei „grünen“ Aktien hat bei vielen Investoren die Angst vor einer Übertreibung und Spekulationsblase aufkommen lassen. In der Tat waren die letzten Kursentwicklungen sehr erfreulich, allerdings unterstützt von einer meist äußerst positiven Entwicklung der Unternehmen selbst. Trotzdem sollten „grüne“ Einzeltitel und „grüne“ Themenfonds ebenso wie Zertifikate – wie das bei Spezialthemen eigentlich immer der Fall sein sollte – als Beimischung zum Portfolio und nicht als Kerninvestment betrachtet werden.

Neid und Unwissenheit - Kritik an nachhaltigem Investment

Nachhaltiges Investment wurde in der Vergangenheit von vielen Seiten belächelt und als kurzfristige Modeerscheinung abgetan. Durch die starken Mittelzuflüsse und die gute Wertentwicklung der nachhaltigen Anlageprodukte hat sich das Blatt aber mittlerweile gewendet. In der Folge werden wesentliche kritische Fragen nochmals aufgelistet und Antworten geliefert.

Special: Zehn kritische Fragen zur Nachhaltigkeit und Antworten

1) Sind nachhaltige Geldanlagen überhaupt ertragreich?
   Antwort: Eine Menge an aktuellen Studien und auch die Wertentwicklung von Nachhaltigkeitsindizes belegen, dass nachhaltige Investments mindestens genauso gut wie konventionelle Produkte performen, also eine genauso gute Wertentwicklung zeigen.

2) Wie kann man sich anmaßen, zwischen gut und böse zu richten?
   Antwort: Es geht nicht um gut und böse, sondern um verantwortungsvoll und verantwortungslos. Nachhaltige Fonds verfolgen verantwortungsvolle Strategien, diese werden oft gemeinsam mit Experten- und Stakeholderbeiräten formuliert.

3) Wie gut ist das Datenmaterial über Stakeholderbeziehungen von Unternehmen?
   Antwort: Die Research- und Ratingagenturen im Bereich Nachhaltigkeit, CSR und Corporate Governance haben in den letzten Jahren

immer mehr an Professionalität gewonnen, die Daten sind vertrauenswürdig und gut recherchiert.

4) Sind alle wesentlichen Punkte zum Thema Verantwortung nicht durch den gesetzlichen Rahmen abgedeckt?
   Antwort: Das ist nicht immer so, das Gesetz regelt meist grobe Verstöße, und die darüber hinausgehenden Ansprüche der Stakeholder sind meist nicht abgedeckt.

5) Sind nachhaltige Investments nicht nur eine Modeerscheinung?
   Antwort: Nachhaltigkeit ist ein Trend, der eine Notwendigkeit für das Bewahren unserer Umwelt und sozialen Strukturen darstellt, er ist gerade erst ins Laufen gekommen.

6) Nachhaltige Themen wie erneuerbare Energien scheinen bereits mehr als ausgereizt?
   Antwort: Einige Umweltthemen wie erneuerbare Energien profitieren aktuell von Szenarien, die steiles Wachstum erwarten lassen, diese Szenarien sind nicht unrealistisch. Das Chancen/Risiko-Verhältnis dieser Themen hat sich mit den letzten Kursanstiegen aber etwas verschlechtert.

7) Wo bleibt das Thema Nachhaltigkeit im Fall einer Rezession?
   Antwort: Eine wirtschaftliche Krise größeren Ausmaßes könnte das Thema Nachhaltigkeit vorübergehend in den Hintergrund drängen.

8) Ist nachhaltige Anlage nicht sehr subjektiv geprägt?
   Antwort: Dem Vorwurf der Subjektivität kann man durch das Einsetzen eines unabhängigen Expertenbeirats für die Kriteriologie und durch die Kooperation mit mehreren unabhängigen Nachhaltigkeits-Researchagenturen entgegenwirken. Eine individuelle Sichtweise bleibt aber erhalten – und soll sie auch. In der großen Produktvielfalt spiegelt sich dies wider.

9) Steigt die Volatilität von Nachhaltigkeitsfonds durch Verwendung von zu vielen Ausschlusskriterien?

Antwort: Die Volatilität und der Tracking Error steigen mit dem Umfang der Ausschlusskriterien. Nachhaltigkeitsfonds versuchen daher in der Regel, den Umfang der verwendeten Ausschlusskriterien zu begrenzen. Für Themenfonds sind vor allem Positivkriterien, aber auch Ausschlusskriterien ein wesentliches Thema.

10) Sind Nachhaltigkeitsfonds teurer als herkömmliche Fonds?
Antwort: Das hängt vom jeweiligen Vermögensverwalter ab, meist gibt es kaum Unterschiede in den Kostenstrukturen. Daher muss man weder bezüglich Performance noch Kosten des Fonds mit einer Schlechterstellung gegenüber konventionellen Produkten rechnen.

Kapitel 5: Status quo nachhaltiger Geldanlage

Nachhaltige Geldanlagen boomen. Der Trend ist weltweit spürbar, aber noch nicht überall gleich stark ausgeprägt. Dieses Kapitel analysiert die wesentlichen Treiber der Entwicklung.

Jetzt geht's los - nachhaltige Investments gewinnen an Bedeutung

Das Wachstum nachhaltiger Geldanlagen war in den letzten Jahren stark ausgeprägt. In Europa (ohne Skandinavien) waren Ende 2006 bereits 137 Mrd. Euro in nachhaltige Fonds investiert, im Vergleich dazu waren es zwei Jahre zuvor 105 Mrd.

Für das Wachstum verantwortlich waren vor allem institutionelle Anleger. Die Anzahl der Nachhaltigkeitsfonds in Europa stieg von 2003 bis 2007 von 313 auf 437. Davon kamen 65 Prozent aus Frankreich, Großbritannien, Schweden und Belgien.

Auch am Zertifikatemarkt setzt sich der Boom fort. Wie in einer Studie von ECOreporter (www.ecoreporter.de) im Oktober 2007 dargestellt, haben nachhaltige Zertifikate in Deutschland bereits ein Volumen von 3,7 Mrd. Euro erreicht.

Von den nachhaltigen Zertifikaten waren 46 Prozent Indexzertifikate, die also an einen nachhaltigen Index gebunden waren. 23 Prozent waren an spezielle Themen und Strategien gebunden und zehn Prozent waren Garantiezertifikate, bei denen die Verluste und auch die Gewinne des Investors begrenzt waren. 21 Prozent entfielen auf sonstige „Spezialitäten" am Zertifikatemarkt.

Beispiel: Zertifikate

Die den nachhaltigen Zertifikaten zugrunde liegenden Themen sind breit gestreut. Allerdings war zuletzt eine eindeutige Dominanz im Bereich der erneuerbaren Energien zu bemerken. An zweiter Stelle rangierte das Thema Wasser. Relativ neu ist das Thema Holz. Die 104 Zertifikate können nach der bereits erwähnten Studie von ECOreporter nach folgenden Themen unterteilt werden:

Erneuerbare/regenerative Energien	43
Wasser	21
Nachhaltigkeit allgemein	16
Klimaschutz	9
Sonstige	6
Holz	5
Ökologie	3
Ethik	1

Die Anteile nachhaltiger Investments weisen gemessen am gesamten Anlagevolumen eine stattliche Größenordnung auf. In den USA wird jeder zehnte US-Dollar in nachhaltige Anlagekonzepte investiert. Dabei sind aber institutionelle Mandate und Vermögensverwaltung/Private Banking nicht berücksichtigt.

In Europa ist Belgien führend, was die Dichte nachhaltiger Mandate betrifft. Gemessen am gesamten Fondsvolumen war 2007 jeder zwanzigste Euro in einem Nachhaltigkeitsfonds angelegt. Zusammengefasst lag Belgien somit auf europäischer Ebene mit 5,18 Prozent vor der Schweiz mit 4,02 und den Niederlanden mit 2,39 Prozent. Der Anteil für Gesamteuropa lag nach einer Studie des Spezialisten im Nachhaltigkeitsrating Vigeo/Avanzi bei 0,75 Prozent und war damit mehr als doppelt so hoch wie 2003.

Gemessen an den Assetklassen dominieren bei Nachhaltigkeitsfonds weiterhin die Aktienmandate. In Europa war das 2007 investierte Volumen zu 67 Prozent Aktienfonds zuzuordnen. Nur rund 20 Prozent der in Nachhaltigkeitsfonds investierten Gelder flossen in Anleihefonds, 13 Prozent waren in gemischten Fonds investiert.

Im deutschsprachigen Raum hat somit die Schweiz eindeutig die Nase vorn, gefolgt von Österreich. Deutschland ist noch ein Nachzügler, gilt aber als Markt mit hohem Wachstumspotential. Betrachtet man die Marktentwicklung für nachhaltige Publikumsfonds in den ersten neun Monaten 2007, so werden mittlerweile 166 Fonds mit einem Gesamtwert von knapp 30 Mrd. Euro angeboten, Ende 2006 waren es noch 18,2 Mrd. Euro. Die Palette wuchs um nicht weniger als 16 Fonds. Interessanterweise war rund die Hälfte der neuen Fonds auf die Themen Klimawandel und erneuerbare Energien spezialisiert. Der Großteil des Volumens im deutschsprachigen Raum, nämlich rund 80 Prozent, sind weiterhin Aktienfonds. Etwa zehn Prozent entfallen auf Anleihefonds und weitere zehn Prozent auf gemischte Fonds.

Die folgende Abbildung zeigt einen Vergleich der in Nachhaltigkeitsfonds investierten Gelder. Basis des Vergleiches sind Daten von Studien der Nachhaltigkeitsforen USSIF in den USA und Eurosif in Europa. Sie basiert auf Daten von Ende 2005.

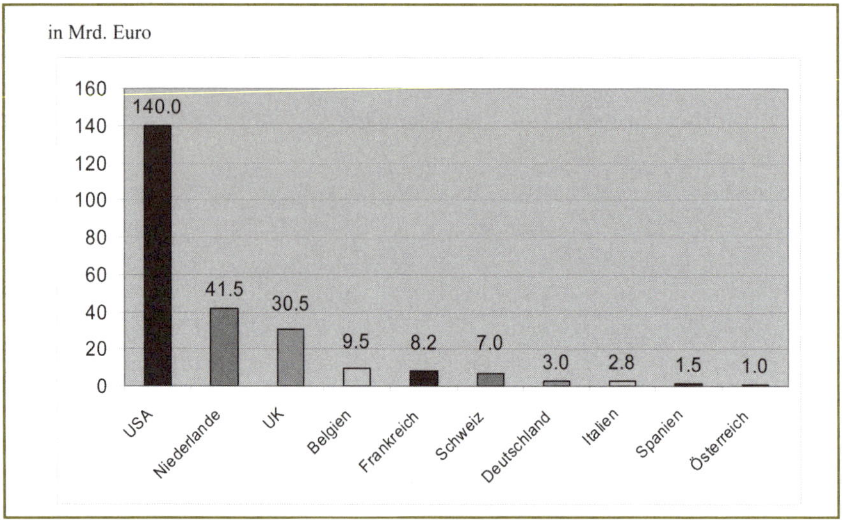

Abbildung: Volumina nachhaltiger Geldanlagen international

Nachhaltiger Dow Jones & Co – Nachhaltigkeitsindizes

Der Domini 400 Social Index wurde im Jahr 1990 in den USA ins Leben gerufen und nahm damals eine Vorreiterrolle ein. Im deutschsprachigen Raum gilt dasselbe für den Natur-Aktien-Index, der im Jahr 1997 gestartet wurde. Nachhaltigkeitsindizes dienen zum einen dem Vergleich von nachhaltigem Investment mit dem Gesamtmarkt, auf der anderen Seite sind die Indizes aber auch die Basis für Anlageprodukte. Ein Fonds könnte beispielsweise sein Anlageuniversum anhand eines Index auswählen und sich damit die Kosten für etwaiges Nachhaltigkeitsresearch einsparen.

Beispiel: Nachhaltige Fonds ohne nachhaltige Benchmark
Betrachtet man die Benchmarks, welche die großen Anbieter von nachhaltigen Investments für ihre Fonds verwenden, so sind kaum Nachhaltigkeitsindizes darunter. Die Ursache ist leicht erklärt: Nachhaltigkeitsfonds messen sich nicht nur mit anderen Fonds ihrer Gattung, sondern vor allem mit konventionellen Fonds. Das Aufzeigen der Tatsache, dass nachhaltiges Investment keinen Nachteil, sondern im Gegensatz dazu oft einen Vorteil bedeutet, steht dabei im Vordergrund.

Die Anzahl der Nachhaltigkeitsindizes ist in den letzten Monaten dynamisch weitergewachsen. Ein Grund für diese Entwicklung ist die Bedeutung dieser Indizes als Basis für Zertifikate mit nachhaltiger Ausrichtung.

Index Provider	Index/-familie	Land	Auflage
VIGEO in Zusammenarbeit mit STOXX Ltd.	ASPI	FR	Jul.01
Deutsche Börse	DAXglobal Sarasin Sustainability Germany	DE	Okt.07
Deutsche Börse	DAXglobal Sarasin Sustainability Switzerland	CH	Okt.07
SAM Group und Dow Jones & Company	DJSI World	CH	Sep.99
Dow Jones & Company, STOXX Ltd. und SAM Group	DJSI STOXX	CH	Okt.01
SAM Group und Dow Jones & Company	Dow Jones Sustainabiliy North America	CH	Sep.05
KLD Research & Analytics, Inc.	Domini 400 Social Index	US	1990
	KLD Broad Market Social Index	US	Jan.01
	KLD Dividend Achievers Social Index	US	Jan.01
	KLD Large Cap Social Index	US	Jan.01
	KLD Select Social Index	US	Jun.04
	KLD Global Climate 100 Index	US	Jan.05
Ethibel vzw	Ethibel Sustainability Index	BE	Jun.02
E. Capital Partners	ECPI Index Family	IT	Jan.00
Corporate Monitor	Ethinvest Environmental Index	AU	Jun.96
Financial Times und Börse London	FTSE4GOOD	GB	Jul.01
Börse Hannover in Kooperation mit oekom research AG	Global Challenges Index (GCX)	DE	Sep.07
GreenTec Invest AG	GreenTec Climate 30	AT	Okt.07
Deutsche Börse	ÖkoDax	DE	Jun.07
	DAXglobal Alternative Energy	DE	Aug.06
Bayerische Hypo- und Vereinsbank AG	HVB Nachhaltigkeitsindex	DE	2005
Michael Jantzi Research Associates (MJRA)	Jantzi Social Index	CA	Jan.00
Johannesburg Stock Exchange/ FTSE	JSE SRI Index	ZA	Mai 04

SECURVITA	Natur-Aktien-Index (NAI)	DE	Apr.97
VINIS	VÖNIX – VBV Österreichischer Nachhaltigkeitslndex	AT	Jun.05
UmweltBank AG	UBAI – UmweltBank-Aktienlndex	DE	Sep.02
Öko-Invest-Verlag/Solarverlag	PPVX Photon Photovoltaik Aktienindex	AT/DE	Aug.01
Öko-Invest-Verlag	nx-25	AT	Mai.03

Abbildung: Bekannte Nachhaltigkeitsindizes weltweit

In der Folge sollen drei Nachhaltigkeitsindizes im Detail dargestellt und ihre Performance untersucht werden. Der erste der drei Indizes ist der Dow Jones Sustainability Index, der von der SAM Group in Zürich gerechnet wird. Er basiert auf einem reinen Best-in-Class-Ansatz. Der zweite Index ist der Natur-Aktien-Index, der stark auf Nachhaltigkeitsleader in den jeweiligen Branchen setzt und als „dunkelgrüner" Index bezeichnet werden kann. Der dritte Index schließlich ist der VÖNIX-Index, der als Länderindex konzipiert ist und nur die nachhaltigsten österreichischen Aktien umfasst.

Beispiel: Nachhaltigkeitsindex I – Dow Jones Sustainability Index
Die Konzeption des Dow Jones Sustainability Index basiert, wie gesagt, auf einem reinen Best-in-Class-Ansatz, es existieren also zumindest im Basisprodukt keinerlei Ausschlusskriterien. Das Projekt begann im September 1999 als Kooperation der Schweizer SAM Sustainability Group mit dem US Index-Anbieter Dow Jones. Heute umfasst die Indexfamilie 60 Indizes. Auf Basis des Research von SAM werden aus mehr als 2000 Unternehmen derzeit 318 ausgewählt, die in den jeweiligen Sektoren den ökologischen, sozialen und finanziellen Anforderungen am besten entsprechen. Von den einzelnen Branchen sind letztendlich etwas mehr als zehn Prozent der Titel im Index enthalten. Der Gesamtindex und auch verschiedene Regionalindizes der Familie werden jeweils auch ex Alkohol, ex Tabak, ex Glücksspiel, ex Waffen und ex aller vier genannten Kriterien gemeinsam berechnet. Der Dow Jones Sustainability Index konnte den Gesamtmarkt – auf Basis des MSCI World Index – im Zeitraum seit September 1999 bis Ende November 2007 um 6,4 Prozent hinter sich lassen.

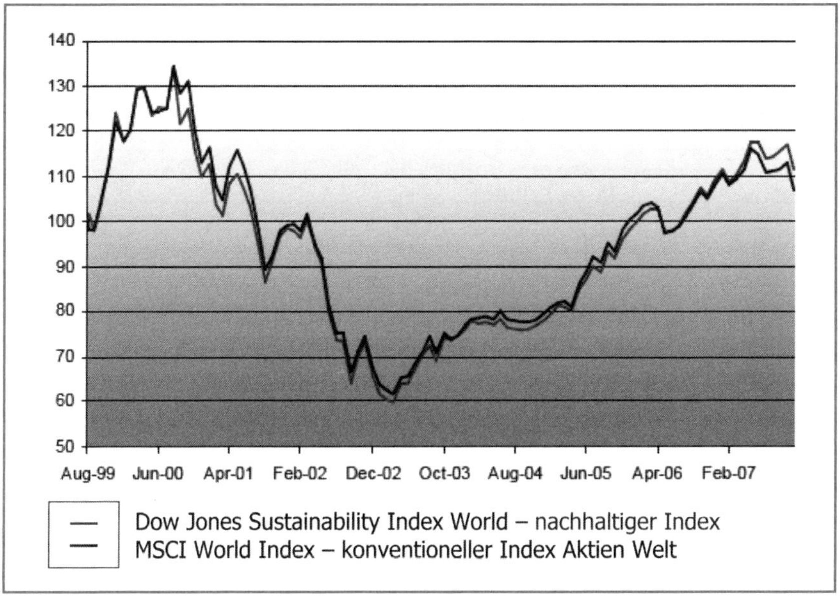

Chart: Relative Performance DJSI World seit 1999 (Quelle: Dow Jones Sustainability Index)

Beispiel: Nachhaltigkeitsindex II – Natur-Aktien-Index

Im Gegensatz zum Dow Jones Sustainability Index existieren beim Natur-Aktien-Index (NAI) strenge Positivkriterien, die Unternehmen für eine Indexaufnahme zu erfüllen haben. Zudem sind auch noch strenge Ausschlusskriterien formuliert. Das Konzept ist im deutschsprachigen Raum im April 1997 entstanden.

Zur Aufnahme müssen zwei der folgenden vier Positivkriterien erfüllt werden:

1. Das Unternehmen bietet Produkte oder Dienstleistungen an, die einen wesentlichen Beitrag zur ökologisch und sozial nachhaltigen Lösung zentraler Menschheitsprobleme leisten (z.B. regenerative Energieerzeugung, biologische Landwirtschaft, effiziente Wassertechnik, sozial-ökologisch orientierte Forschung sowie Finanzierung und Beratung oder Armutsbekämpfung).
2. Das Unternehmen ist Branchenleader im Hinblick auf die Produktgestaltung (z.B. Lebensdauer und Nutzungseffizienz, Produktsicherheit, Recyclingfähigkeit oder Ersatz gefährlicher Stoffe.)

3. Das Unternehmen ist Branchenleader im Hinblick auf die technische Gestaltung des Produktions- und Absatzprozesses (z.B. Minimierung des Energie- und Rohstoffverbrauchs, Umweltverträglichkeit als Unternehmenspolitik, ständige und nachhaltige Verbesserung der Umweltleistungen).
4. Das Unternehmen ist Branchenleader im Hinblick auf die soziale Gestaltung des Produktions- und Absatzprozesses (z.B. Schaffung von Ausbildungs- und Arbeitsplätzen, Sicherheit und Gesundheitsschutz am Arbeitsplatz, überdurchschnittliche Weiterbildungsmöglichkeiten, besondere Sozialleistungen sowie Förderung von Frauen, ethnischen und sozialen Minderheiten).

Zu den Ausschlusskriterien: Im Natur-Aktien-Index sind Unternehmen ausgeschlossen, die gegen eines der folgenden Kriterien verstoßen: Atomenergie, Waffenproduktion, Diskriminierung von Frauen, sozialen und ethnischen Minderheiten, Betriebe, die gewerkschaftliche Tätigkeiten unterbinden, Kinderarbeit und Zwangsarbeit, Tierversuche, Gentechnologie in der Lebensmittelproduktion, Erzeugung von ausgesprochen umwelt- oder

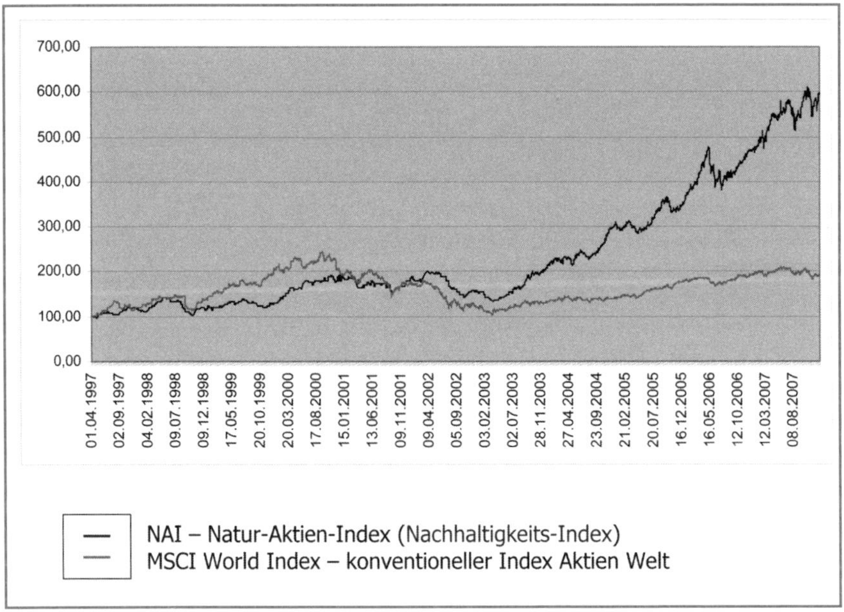

Chart: Relative Performance Natur-Aktien-Index seit 1997 (Quelle: ERSTE-SPARINVEST, SECURVITA)

gesundheitsschädigenden Produkten wie Pestiziden, fossilen Kraft- und Brennstoffen oder FCKW.
Die Indexmitglieder im Natur-Aktien-Index werden vom unabhängigen NAI-Ausschuss auf der Grundlage der verbindlichen NAI-Kriterien festgelegt. Der NAI-Ausschuss nutzt für seine Entscheidungen die Research- und Ratingergebnisse, die vom Institut Markt-Umwelt-Gesellschaft GmbH (imug) erstellt werden. Auf Gesamtmarktebene vergleicht sich der Natur-Aktien-Index mit dem MSCI-World Index.
Der Natur-Aktien-Index konnte den MSCI World Index in den letzten zehn Jahren und acht Monaten um 213 Prozent hinter sich lassen.

Beispiel: Nachhaltigkeitsindex III – VÖNIX-Index
Der VÖNIX ist ein Aktienindex, der sich aus jenen börsennotierten österreichischen Unternehmen zusammensetzt, die hinsichtlich sozialer und ökologischer Leistung führend sind. Im Detail werden bei der Analysearbeit insgesamt sechs Stakeholdergruppen auf den Ebenen Grundsätze und Strategien, Managementsysteme und Organisation, Produkte und Dienstleistungen sowie Programme, Aktivitäten und Ergebnisse durchleuchtet.

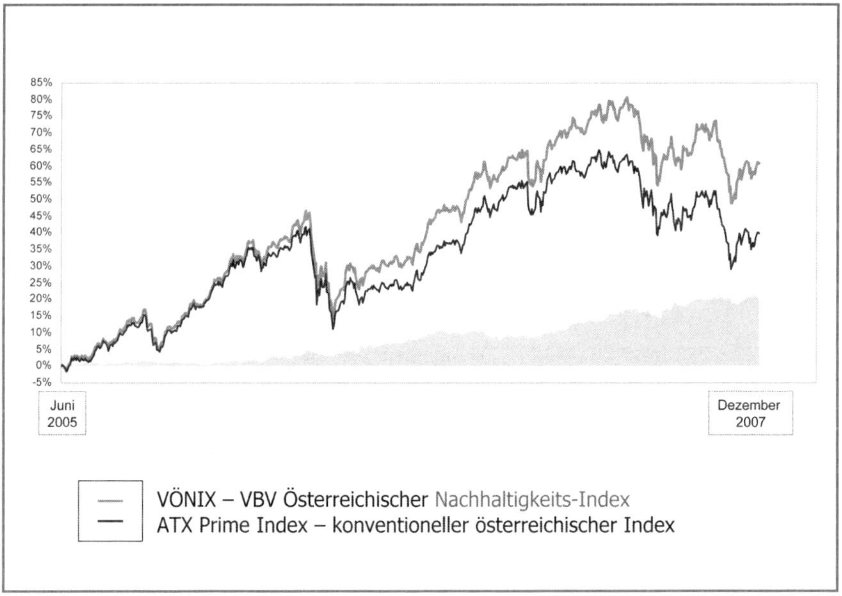

Chart: Relative Performance VÖNIX-Index seit Juni 2005 (Quelle: Reinhard Friesenbichler Unternehmensberatung)

Zu den Ausschlusskriterien: Im VÖNIX-Index sind Unternehmen ausgeschlossen, die gegen eines der folgenden Kriterien verstoßen:
Rüstung, Nuklearenergie, Suchtmittel, Gentechnologie, Glücksspiel und sonstige Aktivitäten oder Praktiken, welche stark negative ethische, soziale oder ökologische Effekte bzw. Risiken beinhalten.
Das Researchinstitut RFU (Reinhard Friesenbichler Unternehmensberatung) überprüft die Indexmitglieder im VÖNIX-Index zumindest jährlich in Bezug auf ihre nachhaltige Ausrichtung. Der VÖNIX-Index vergleicht sich auf Gesamtmarktebene mit dem ATX Prime Index.
Seit Juni 2005 konnte der VÖNIX-Index den ATX Prime um 20,8 Prozent outperformen.

Die Politik anerkennt die Bedeutung nachhaltigen Investierens – gesetzliche Rahmenbedingungen

Gesetzliche Rahmenbedingungen haben das Wachstum nachhaltiger Produkte in den letzten Jahrzehnten stark begünstigt. Die Abbildung auf Seite 153 zeigt die Einführung gesetzlicher Berichtspflichten für nachhaltiges Investment in verschiedenen europäischen Ländern in den letzten Jahren.

Die erwähnte EU-Modernisierungsrichtlinie aus 2003 schreibt auch Unternehmen vor, in ihren Abschlüssen über extrafinanzielle Informationen zu berichten. Diese Richtlinie wird seit 2003 laufend von einzelnen EU-Staaten in nationales Recht umgesetzt.

Beispiel: Berichtspflicht statt Investmentpflicht
Die meisten Gesetzgeber in Europa haben in den letzten Jahren im Vorsorgebereich eine Berichtspflicht über den Einsatz nachhaltiger Anlagestrukturen und -produkte eingeführt. So heißt es zum Beispiel im österreichischen Pensionskassengesetz (PKG) seit September 2005, dass Pensionskassen „die allfällige Auswahl der Vermögenswerte nach ethischen, ökologischen und/oder sozialen Kriterien" in ihre schriftliche Erklärung über die Grundsätze der Anlagepolitik integrieren müssen. Und diese Berichtspflicht ist besser als eine Verpflichtung zur Anlage selbst. Denn Vorsorgeeinrichtungen müssen sich wohl zweimal überlegen, ob sie zugeben wollen, dass ihnen Nachhaltigkeit egal ist. Außerdem sollen die Investoren ja durch die attraktiven Performanceeigenschaften der nachhaltigen Anlagevariante

überzeugt werden. Beginnt auch nur ein Pensionsfonds im jeweiligen Land mit nachhaltigem Investment und hat dieser Erfolg, so werden die übrigen wohl umgehend nachziehen.

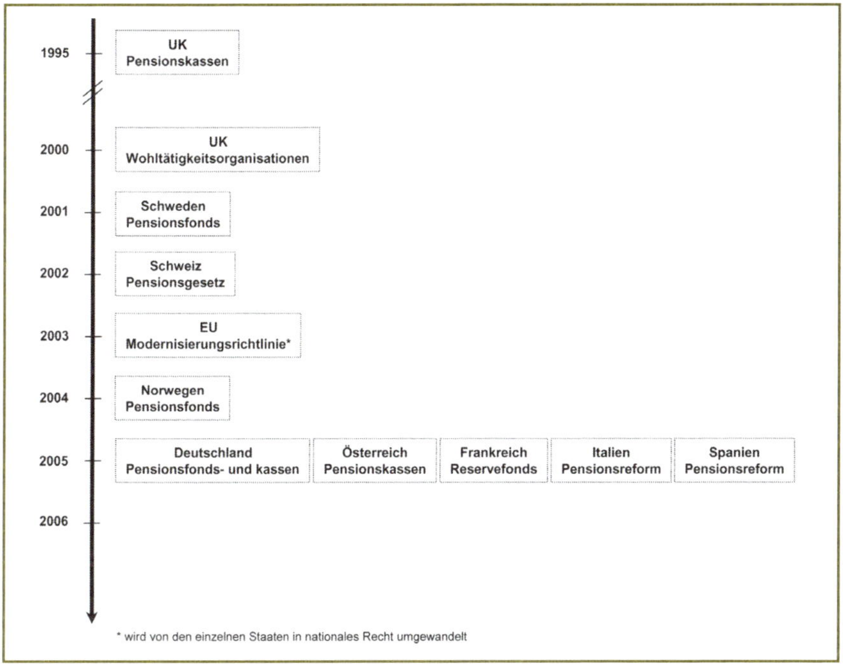

Abbildung: Gesetzesinitiativen für nachhaltige Vorsorgeprodukte in Europa

Was treibt, was hemmt das Wachstum nachhaltiger Geldanlagen? - Chancen und Risken

Eine Zusammenfassung der unterstützenden und belastenden Faktoren für nachhaltiges Investment ist an die Struktur der CSR-Pyramide (siehe Kapitel 2) angelehnt. Chancen und Risken bestehen auf der philanthropischen, ethischen, gesetzlichen und ökonomischen Ebene. Ein vor allem in den anglo-amerikanischen Ländern wesentliches Thema ist das der Fiduciary Duty, einem Pflichtenheft, wonach die treuhändische Verwaltung von Vermögen geregelt wird. Die letzte Interpretation der Verpflichtung scheint nunmehr auch nachhaltige Anlagen nicht mehr auszuschließen.

Info-Box

Fiduciary Duty

Unter Fiduciary Duty versteht man die Verpflichtung von Investoren, die das Vermögen von Kunden verwalten, die bestmöglichen Anlagen sicherzustellen. In der Vergangenheit wurde bestmöglich meistens mit rein finanziell interpretiert, was aus Sicht einiger einen Widerspruch zu nachhaltigen Anlagen bedeuten würde.

Generell scheinen die Chancen nachhaltiger Anlagen die Risiken zu übersteigen, sofern man von keiner Minderperformance dieser Anlagenart ausgeht. Viele Anleger sollten – bei geeigneter Information – dem Thema nachhaltige Anlagen gegenüber positiv eingestellt sein.

Positive Gründe reichen von einer „grünen" oder moralischen Überzeugung bis zur wachsenden Bedeutung des Themas Nachhaltigkeit und vieler quasi „benachbarter" Themenbereiche wie CSR oder Corporate Governance. Auch der Druck von Seiten der Stakeholder – wie Arbeitnehmervertretungen oder NGOs – beziehungsweise gesetzliche Verpflichtungen – wie die dargestellten Regelungen im Pensionskassenwesen – unterstützen den Trend zu nachhaltigen Anlagen. Aus ökonomischer Sicht lassen sich die guten Wertentwicklungen nachhaltiger Anlageprodukte mit dem Antizipationseffekt, dem Informationseffekt und dem Effekt der positiven Auswahl untermauern. Zudem werden zunehmend Studien veröffentlicht, die der nachhaltigen Anlage eine zumindest durchschnittliche, wenn nicht überdurchschnittliche Performancechance einräumen. Der Vorbehalt einer nachhaltigen Underperformance oder negativen Prämie durch nachhaltiges Investment scheint mittlerweile weitgehend ausgeräumt.

Auf der negativen Seite zählen mangelndes Interesse und Vorwürfe mangelnder Transparenz sowie die Verwendung eines oberflächlichen Researchprozesses zu den wesentlichen Kritikpunkten. Außerdem wird die subjektive Sichtweise und die nicht-finanzielle Motivation der angewandten Kriterien kritisiert. Der Diversifikationseffekt und der Small Cap Effekt werden ebenfalls ins Treffen geführt. Studien, die eine Underperformance der nachhaltigen Anlage aufzeigen, werden immer seltener, sind aber weiterhin ein Thema.

Unterstützende Faktoren		Belastende Faktoren
• „Grüne“ Einstellung • Moralische Gründe	Philanthropisch	• Mangelndes Interesse
• Druck durch Stakeholder • Wachsende Bedeutung von Themen wie CSR, Corporate Governance, Wirtschaftsethik u.a.	Ethisch	• Fehlende Transparenz • Fehlendes ethisches Verhalten von Fonds
• Fiduciary Duty – Vorteile nachhaltigen Investierens wegen langfristigem Investmenthorizont, Berücksichtigung von extrafinanziellen Daten • Gesetzliche Verpflichtungen	Gesetzlich	• Fiduciary Duty – reines Investment auf Basis der traditionellen Kapitalmarkttheorie und ohne Berücksichtigung von Soft Facts
• Antizipationseffekt • Informationseffekt • Effekt der positiven Auswahl • Studien, die eine Outperformance von nachhaltigen Investments gegenüber konventionellen Produkten belegen • Anerkennung von nachhaltigem Investment als eigene Assetklasse mit möglichen Effekten der Portfoliodiversifikation	Ökonomisch	• SRI-Kriterien sind nicht finanziell motiviert und subjektiv • SRI-Research ist fehlerhaft • Negativer Diversifikationseffekt • Erwartung eines negativen Small-Cap-Effekts • Studien, die eine Underperformance von nachhaltigem Investment gegenüber konventionellen Produkten ausweisen

Abbildung: Unterstützende und belastende Faktoren von nachhaltigen Anlagen

Wie erkenne ich mein individuelles nachhaltiges Profil - Investorenlandkarte

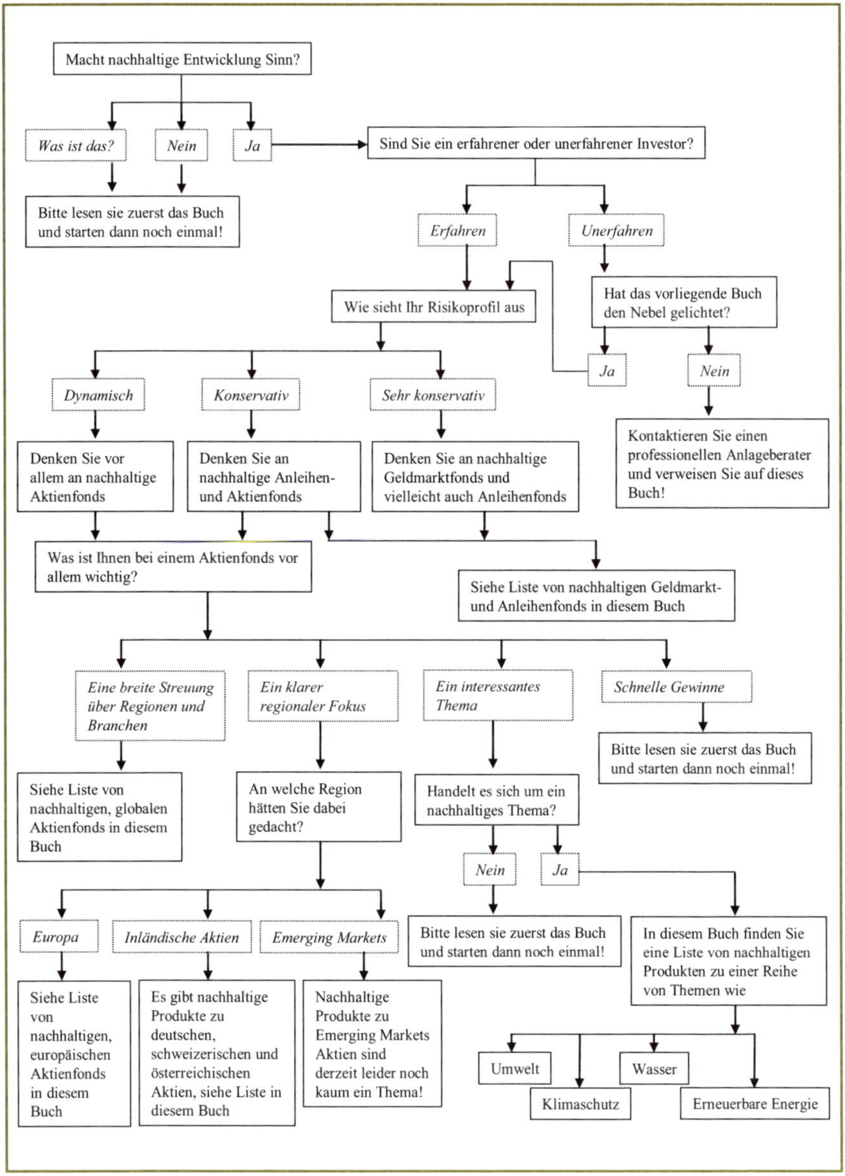

Konkrete Anlagetipps - Liste Nachhaltiger Investmentfonds

Bei der Auswahl von nachhaltigen Investmentprodukten sollte der Anleger neben den rein finanziellen Kriterien folgende Punkte beachten:

Im Fall von Einzelaktien macht es Sinn, sich im Internet schlau zu machen und sowohl die Homepage des Unternehmens als auch Berichte von Finanzmedien und gegebenenfalls NGOs durchzusehen. Unter den interessanten Kriterien für ein langfristiges Investment zählen etwa:

- Wie geht das Unternehmen mit seinen Stakeholdern um?
- Welche Umweltinitiativen zeigt das Unternehmen?
- Wie stark ist die Corporate Governance im Unternehmen ausgeprägt?

Im Fall von Fonds können Sie sich entweder an Ihren Anlegeberater wenden oder wiederum selbst nachforschen. In diesem Buch finden Sie einige wesentliche Daten beziehungsweise den Verweis auf die Homepage des Anbieters. Auch unabhängige Portale für nachhaltiges Investment bieten Detailinformationen. Interessant sind beispielsweise:

- Ist der Anbieter mit dem Thema seit längerer Zeit ernsthaft beschäftigt oder lediglich Trittbrettfahrer? – *Suchen sie nach dem Startdatum des Fonds in der Fondsliste.*
- Verfügt der Anbieter über genügend Daten zur Nachhaltigkeit, hat er selbst Analysekapazitäten oder kauft er diese zu? – *Ein ausgewogener Mix aus internen und externen Quellen ist optimal, siehe Fondsliste.*
- Konnte die erzielte Performance die Erwartungshaltung erfüllen? – *Siehe absolute Ergebnisse und Risiko in der beiliegenden Liste.*

Im Fall von Zertifikaten empfiehlt sich ein genaues Durchlesen der Emissionsbestimmungen. Interessante Fragen sind etwa:

- Kommt bei der Auswahl der Basis ernsthaftes nachhaltiges Knowhow zum Einsatz?
- Verfolgt der Emittent des Zertifikats nachhaltige Grundsätze?

Die folgende Liste enthält alle in Deutschland, der Schweiz und Österreich zugelassenen Nachhaltigkeitsfonds. Die Liste umfasst Aktienfonds – unterteilt in Nachhaltigkeitsfonds und Themenfonds –, Rentenfonds, Cashfonds, gemischte Fonds, Dachfonds und Mikrofinanzfonds.

Die in der Fondsliste angeführten Daten sind:
Fondsname
ISIN – Kennnummer zur Identifizierung des Produkts
Fondsstart – Darstellung der Dauer der Historie des Fonds
Volumen – Indiz für Attraktivität und Liquidität des Fonds
Kriterien & Systematik – Zusammenfassung der Kriteriologie oder der sonst angewandten Systematik
Nachhaltigkeitsanalyse – Darstellung eigener und fremder Analysekapazitäten für Nachhaltigkeitsresearch
Regionaler Fokus – Unterscheidungskriterium unterschiedlicher regionaler Spezialisierungen
Volatilität (360 Tage) – Indiz für das Risiko des Fonds, nur angegeben, wenn der Fonds bereits eine rund eineinhalbjährige Historie hat
Performance (ein Jahr, drei Jahre und fünf Jahre) – Wertentwicklung des Fonds auf kurz-, mittel- und langfristige Sicht

Name des Fonds	ISIN	Fonds-start	Volu-men	Kriterien & Systematik	Nachhaltig-keitsanalyse	Regiona-ler Fokus	Volatilität 360 Tage	Perf. 1 Jahr	Perf. 3 Jahre	Perf. 5 Jahre
1 AKTIENFONDS										
Nachhaltigkeitsfonds										
3 Banken Nachhaltig-keitsfonds	AT0000701156	2001	94,70	keine Ausschlusskriterien, ökologische Orien-tierung	extern (1)	global	12,9%	8,1%	17,9%	14,4%
Aberdeen Global - Responsible World Equity Fund	LU0278938138	2007	83,89	Ausschlusskriterien Alkohol, Glücksspiel, Porno-graphie, Rüstung/Waffen, Tabak	intern	global	n.a.	n.a.	n.a.	n.a.
ABN AMRO Brazil Equity Fund	LU0085494432	2006	408,44	keine Ausschlusskriterien, soziale Orientierung	intern	Brasilien	31,6%	45,0%	n.a.	n.a.
ABN AMRO Socially Responsible Equity Fund	LU0138546881	2001	50,04	Ausschlusskriterien Alkohol, Kinderarbeit, Glücks-spiel, Menschenrechte-Missachtung, Pelze, Por-nographie, Rüstung/Waffen, Tabak; (vermeidbare) Tierversuche, Unterstützung repressiver Regime	extern	global	13,1%	-2,0%	8,4%	5,2%
Allianz RCM Global Sustainability EURO	LU0158827195	2003	33,79	Ausschlusskriterien Kernenergie, Pornographie, Rüstung/Waffen, Tabak	intern	global	13,8%	6,0%	13,6%	n.a.
Aviva European Socially Responsible Equity Fund	LU0126373819	2001	88,34	Ausschlusskriterien Alkohol, Gentechnologie, Pestizide, Kernenergie, Klimagase, Glücksspiel, Menschenrechte-Missachtung, Papierherstellung, Pelze, Pornographie, Rüstung/Waffen, Straßen-bau, Tabak; (vermeidbare) Tierversuche, Tropi-sche Regenwaldhölzer, Verletzung Sicherheits- und Gesundheitsvorschriften	intern und extern (meh-rere Quel-len)	Europa	14,7%	5,0%	17,1%	14,9%
CAAM Euro SRI	LU0272938084	2006	29,47	n.a.	n.a.	Europa	n.a.	4,3%	n.a.	n.a.
Credit Suisse EF Lux Global Sustainability	LU0055731144	1990	25,97	Ausschlusskriterien Kinderarbeit, Glücksspiel, Kernenergie, Pornographie, Rüstung/Waffen, Tabak	intern und extern (1)	global	n.a.	n.a.	n.a.	n.a.
DAB Adviser Meridio Green Balance	LU0117185156	2000	12,10	Atomenergie, Menschenrechte-Missachtung, Dis-kriminierung von Minderheiten, Rüstung/Waffen, (vermeidbare) Tierversuche, Umweltbelastung	intern	global	14,7%	7,6%	15,3%	11,2%

Name des Fonds	ISIN	Fondsstart	Volumen	Kriterien & Systematik	Nachhaltigkeitsanalyse	Regionaler Fokus	Volatilität 360 Tage	Perf. 1 Jahr	Perf. 3 Jahre	Perf. 5 Jahre
Dexia Equities L World Welfare	LU0113400328	2000	84,23	detaillierte Analyse mittels eines Multi-Stakeholder-Modells mit verschiedenen nachhaltigen Themen (Positivkriterien), ergänzt um zahlreiche Ausschlusskriterien (Negativkriterien), wie z.B. Alkohol, Tabak, Glückspiel, Pornographie, Nuklearenergie, Waffen u.a.	intern und extern	global	12,2%	-7,3%	6,1%	6,7%
Dexia Sustainable EMU - CAP	BE0174192774	2000	28,19	detaillierte Analyse mittels eines Multi-Stakeholder-Modells mit verschiedenen nachhaltigen Themen (Positivkriterien), ergänzt um zahlreiche Ausschlusskriterien (Negativkriterien), wie z.B. Alkohol, Tabak, Glückspiel, Pornographie, Nuklearenergie, Waffen u.a.	intern und extern	Europa	15,5%	5,1%	14,9%	12,6%
Dexia Sustainable Europe	BE0173540072	2000	259,47	detaillierte Analyse mittels eines Multi-Stakeholder-Modells mit verschiedenen nachhaltigen Themen (Positivkriterien), ergänzt um zahlreiche Ausschlusskriterien (Negativkriterien), wie z.B. Alkohol, Tabak, Glückspiel, Pornographie, Nuklearenergie, Waffen u.a.	intern und extern	Europa	15,3%	-0,2%	12,4%	10,8%
Dexia Sustainable North America	BE0173901779	2000	87,10	detaillierte Analyse mittels eines Multi-Stakeholder-Modells mit verschiedenen nachhaltigen Themen (Positivkriterien), ergänzt um zahlreiche Ausschlusskriterien (Negativkriterien), wie z.B. Alkohol, Tabak, Glückspiel, Pornographie, Nuklearenergie, Waffen u.a.	intern und extern	Nordamerika	14,4%	-4,4%	4,2%	4,8%
Dexia Sustainable Pacific	BE0174191768	2000	112,00	detaillierte Analyse mittels eines Multi-Stakeholder-Modells mit verschiedenen nachhaltigen Themen (Positivkriterien), ergänzt um zahlreiche Ausschlusskriterien (Negativkriterien), wie z.B. Alkohol, Tabak, Glückspiel, Pornographie, Nuklearenergie, Waffen u.a.	intern und extern	Pazifischer Raum	n.a.	-8,4%	5,0%	6,4%

Name des Fonds	ISIN	Fondsstart	Volumen	Kriterien & Systematik	Nachhaltigkeitsanalyse	Regionaler Fokus	Volatilität 360 Tage	Perf. 1 Jahr	Perf. 3 Jahre	Perf. 5 Jahre
Dexia Sustainable World	BE0946893766	1998	106,34	detaillierte Analyse mittels eines Multi-Stakeholder-Modells mit verschiedenen nachhaltigen Themen (Positivkriterien), ergänzt um zahlreiche Ausschlusskriterien (Negativkriterien), wie z.B. Alkohol, Tabak, Glückspiel, Pornographie, Nuklearenergie, Waffen u.a.	intern und extern	global	13,4%	-6,8%	6,5%	7,3%
Dow Jones EURO STOXX SM Sustainability 40EX	DE000A0F5UG3	2006	24,90	n.a.	intern und extern (1)	Europa	15,3%	10,1%	n.a.	n.a.
Dr. Höller Prime Values Dividend Europa	AT0000707179	2001	75,89	Ausschlusskriterien Kinderarbeit, Drogen, gefährliche Produkte, Kernenergie, Menschenhandel, Menschenrechte-Missachtung, Prostitution, Rüstung/Waffen	intern	Europa	13,3%	-12,9%	8,3%	9,5%
DWS Invest Responsibility	LU0145643903	2002	12,76	Ausschlusskriterien Alkohol, Kinderarbeit, Glücksspiel, Massentierhaltung, Menschenrechte-Missachtung, Pornographie, Rüstung/Waffen, Tabak, (vermeidbare) Tierversuche	intern und extern	global	12,8%	12,0%	9,2%	8,7%
ESPA VINIS STOCK AUSTRIA	AT0000706528	2005	86,15	Ausschlusskriterien Glücksspiel, grüne Gentechnologie, Kernenergie, Pornographie, Rüstung/Waffen, sonstige stark negative soziale, ökologische, ethische Effekte bzw. hohe Risken, Suchtmittel	intern und extern (1)	Österreich	17,5%	2,7%	22,6%	29,8%
ESPA VINIS STOCK EUROPE	AT0000645973	2005	151,58	Ausschlusskriterien grüne Gentechnologie, Kernenergie, Kinderarbeit, nachgewiesene (schwere) Manipulation der Geschäfte, Pornographie, Rüstung/Waffen, Tabak, (vermeidbare) Tierversuche	intern und extern (3)	Europa	15,8%	5,0%	16,6%	n.a.
ESPA VINIS STOCK GLOBAL	AT0000646799	2003	145,61	Ausschlusskriterien grüne Gentechnologie, Kernenergie, Kinderarbeit, nachgewiesene (schwere) Manipulation der Geschäfte, Pornographie, Rüstung/Waffen, Tabak, (vermeidbare) Tierversuche	intern und extern (3)	global	11,5%	5,1%	13,8%	n.a.
First State Asia Pacific Sustainable	GB00B0TY6S22	2005	60,00	n.a.	n.a.	Asien/Pazifik	14,7%	22,8%	n.a.	n.a.

Name des Fonds	ISIN	Fonds-start	Volu-men	Kriterien & Systematik	Nachhaltig-keitsanalyse	Regiona-ler Fokus	Volatilität 360 Tage	Perf. 1 Jahr	Perf. 3 Jahre	Perf. 5 Jahre
Fortis L Fund Equity SRI Europe	LU0082276915	1997	87,38	Fortis Sustainability Radar/Best-in-Class Plus approach/unabhängige Prozessverifizierung von internationalem SRI Committee	intern und extern	Europa	14,2%	1,4%	14,0%	12,0%
Gamax Funds - Senior	LU0107304221	1997	8,79	Ausschlusskriterien Rüstung/Waffen, Tabak	n.a.	global	9,5%	-0,3%	6,6%	5,1%
Gamax Funds - Junior	LU0073103748	1997	59,24	Ausschlusskriterien Rüstung/Waffen, Tabak	n.a.	global	10,8%	4,0%	6,7%	5,5%
Gerling Select 21	DE0009847343	2000	10,03	Ausschlusskriterien grüne Gentechnologie, Kernenergie, Korruption, Menschenrechte-Missachtung, Rüstung/Waffen, sexuelle Ausbeutung, Verstoß gegen rechtliche Bestimmungen	intern und extern	global	13,2%	2,5%	12,9%	10,8%
GreenEffects NAI-Wertefonds	IE0005895655	2000	29,38	Ausschlusskriterien Behinderung gewerkschaftlicher Aktivitäten, Beschäftigung schulpflichtiger Kinder, Diskriminierung von Frauen, Diskriminierung von Minderheiten, Gefährdung menschlicher Gesundheit, Gentechnik in der Landwirtschaft, Kernenergie, mangelnde Bereitschaft zur Kommunikation wesentlicher gesundheits- und umweltbezogener Kennzahlen, Rüstung/Waffen, Tätigkeit in einem Land, in dem eine anerkannte Protestbewegung ausländische Unternehmen zur Meidung aufruft, (vermeidbare) Tierversuche, umweltschädliche Aktivitäten/Produkte, unzureichende soziale Absicherung der Mitarbeiter, Verstoß gegen rechtliche Bestimmungen, Zwangsarbeit	intern und extern (1)	global	n.a.	7,1%	17,4%	15,2%
HSBC GIF Sustainability Leaders	LU0234595584	2005	12,83	Ausschlusskriterien Rüstung/Waffen, Tabak	intern	global	14,7%	-3,4%	n.a.	n.a.
HSBC Global Equity SRI	LU0196702442	2005	31,36	n.a.	n.a.	global	13,6%	-3,3%	n.a.	n.a.
Hypo Global Value	AT0000857537	2002	13,50	Ausschlusskriterien Automobilindustrie, Chlorchemie und Agrarchemie, Gentechnologie, Herstellung herkömmlicher Flugzeuge, Kernenergie, Kinderarbeit, Pornographie, Rüstung/Waffen, Tabak	extern (1)	global, Übergewichtung Europa	12,6%	-1,4%	11,2%	8,8%
iShares DJ EST Sustain 40 (DE)	DE000A0F5UG3	2006	24,90	n.a.	n.a.	global	15,3%	10,1%	n.a.	n.a.

Name des Fonds	ISIN	Fondsstart	Volumen	Kriterien & Systematik	Nachhaltigkeitsanalyse	Regionaler Fokus	Volatilität 360 Tage	Perf. 1 Jahr	Perf. 3 Jahre	Perf. 5 Jahre
ING (L) Invest Sustainable Growth P. Cap	LU0119216553	2000	44,86	Ausschlusskriterien Atomkraftwerke, Ausbeutung von Menschen, Ausbeutung von Umwelt, Mitarbeiter und gesellschaftlichem Umfeld, Behinderung nachhaltigen Wirtschaftens, Beschäftigung schulpflichtiger Kinder, Beschleunigung des Klimawandels, Diskriminierung von Frauen, Diskriminierung von Minderheiten, Fischfang ohne Ziel der MSC-Zertifizierung, Gefährdung menschlicher Gesundheit, gefährliche Produkte, Gentechnik in der Landwirtschaft, Glücksspiel, Herstellung ozonabbauender Substanzen, Herstellung Pestizide „Dirty Dozen", Kapitalbeteiligung an Unternehmen mit Negativkriterien, Kernenergie, Korruption, mangelnde Bereitschaft zur Kommunikation wesentlicher gesundheits- und umweltbezogener Kennzahlen, Menschenhandel, Menschenrechte-Missachtung, nicht nachhaltige Fischwirtschaft, nicht nachhaltige Forstwirtschaft, Patente auf gentechnisch veränderte Tiere/Pflanzen, Pelze, Pornographie, Prostitution, Raubbau natürlicher Ressourcen, Rüstung/Waffen, Schädigung der Menschenwürde, Tabak, Tätigkeit in einem Land, in dem eine anerkannte Protestbewegung ausländische Unternehmen zur Meidung aufruft, Tierversuche (vermeidbare), umweltschädliche Aktivitäten/Produkte, Unterbinden gewerkschaftlicher Tätigkeit, Unterstützung repressiver Regime, unzureichende soziale Absicherung der Mitarbeiter, Uranminen/-verarbeitungsanlagen (Eigentum oder Betrieb), Verstoß gegen ILO-Protokoll, Verstoß gegen rechtliche Bestimmungen, Waldwirtschaft ohne Ziel der FSC-Zertifizierung, Werbung für ausgesprochen umwelt- und/oder gesundheitsschädliches Verhalten, Zwangsarbeit	intern und extern (1)	global	12,0%	-0,5%	10,5%	7,3%

Name des Fonds	ISIN	Fondsstart	Volumen	Kriterien & Systematik	Nachhaltigkeitsanalyse	Regionaler Fokus	Volatilität 360 Tage	Perf. 1 Jahr	Perf. 3 Jahre	Perf. 5 Jahre
JPMF Global Socially Responsible Fund	LU0111753769	2002	54,56	n.a.	n.a.	global	15,0%	-2,8%	8,5%	6,0%
KBC ECO Fund Sustainable Euroland	BE0175718510	2001	10,37	Kombination Best-in-Class & Ausschlusskriterien, Positivkriterien: ökonomische Politik, Corporate Governance, Umwelt, interne Sozialpolitik, Menschenrechte; Negativkriterien: Alkohol, Tabak, Glücksspiel, Tierversuche, genetische Manipulation, Militär, Atomenergie; quantitative und fundamentale Finanzanalyse durch eigene SRI-Researchabt. und unabhängiges SRI-Screening	intern und extern (1)	Europa	14,2%	4,8%	15,6%	14,0%
KBC ECO Fund World	BE0133741752	1992	24,87	siehe KBC ECO Fund Sustainable Euroland	intern und extern (1)	global	12,5%	-0,2%	8,2%	9,2%
KCD-Union Nachhaltig Aktien	DE0005326532	2001	79,23	Ausschlusskriterien Alkohol, Glücksspiel, Kernenergie, Rüstung/Waffen, Tabak	intern und extern (1)	global	12,4%	-1,7%	9,4%	8,5%
Kepler Ethik Fonds	AT0000675657	2002	48,50	Positivselektion nach CSR Rating; Ausschlusskriterien Abtreibung, Alkohol, Biozide, Chlorchemie und Agrarchemie, Embryonenforschung, Gentechnik in der Landwirtschaft, Glücksspiel, Kernenergie, Menschenrechte-Missachtung, Pornographie, Rüstung/Waffen, Tabak, (vermeidbare) Tierversuche, Verstoß gegen ILO-Protokoll	intern und extern (1)	global, Übergewichtung Europa	14,1%	-0,3%	13,9%	12,1%
Kepler Sustainability	AT0000727391	2000	12,50	Positivselektion nach Sustainability Rating	intern und extern (1)	global, Übergewichtung Europa	14,4%	-5,6%	10,5%	9,1%
LIGA PAX-Cattolico-Union	LU0152554803	2002	62,40	Ausschlusskriterien Empfängnisverhütung, Pornographie	intern und extern (1)	global	10,3%	2,7%	10,5%	10,0%
Living Planet Fund Equity	LU0169371266	2003	31,92	Ausschlusskriterien Alkohol, grüne und rote Gentechnologie, Glücksspiel, Kernenergie, Rüstung/Waffen, Tabak	extern (2)	global	12,1%	4,6%	10,0%	n.a.
LODH Invest - Alto RI Global Equity	LU0083362458		38,00	n.a.	n.a.	global	12,2%	-9,2%	7,1%	4,7%

Name des Fonds	ISIN	Fonds-start	Volu-men	Kriterien & Systematik	Nachhaltig-keitsanalyse	Regiona-ler Fokus	Volatilität 360 Tage	Perf. 1 Jahr	Perf. 3 Jahre	Perf. 5 Jahre
Mellon Ethical Index Tracker Europe	IE0030820135	2002	17,18	n.a.	n.a.	Europa	15,0%	0,5%	13,1%	11,8%
Monega FairInvest Aktien	DE0007560849	2006	23,69	Ausschlusskriterien Rüstung/Waffen	extern (1)	Europa	n.a.	5,5%	n.a.	n.a.
Öko-Aktienfonds	LU0037079380	1991	33,18	Ausschlusskriterien Alkohol, Atomkraftwerke, Drogen, Gefährdung menschlicher Gesundheit, Gentechnik in der Landwirtschaft, Glücksspiel, Kernenergie, Kinderarbeit, Menschenrechte-Missachtung, Pornographie, Prostitution, Raubbau natürlicher Ressourcen, Rüstung/Waffen, Tabak, Tierversuche (vermeidbare)	extern	global	14,5%	12,1%	20,1%	16,0%
Ökoworld Öko Trend Stocks Europe	LU0183092112	2004	6,65	n.a.	extern (1)	Europa	n.a.	-1,0%	5,5%	n.a.
Ökoworld Öko Vision	LU0061928585	1996	514,11	Unabhängiges Oekovision Kommittee überwacht Einhaltung von Positiv- (erneuerbare Energie, Gesundheit etc.) und Ausschlusskriterien (Behinderung nachhaltigen Wirtschaftens, Beschäftigung schulpflichtiger Kinder, Chlorchemie und Agrarchemie, Diskriminierung von Frauen, Diskriminierung von Minderheiten, Gentechnologie, Geschäftsbeziehungen zu Ländern, in denen gegen die Menschenrechte verstoßen wird, Kapitalbeteiligung an Unternehmen mit Negativkriterien, Kernenergie, Raubbau natürlicher Ressourcen, Rüstung/Waffen, (vermeidbare) Tierversuche, Unterbinden gewerkschaftlicher Tätigkeit)	extern und intern	global	n.a.	6,1%	17,3%	15,7%

Name des Fonds	ISIN	Fonds-start	Volu-men	Kriterien & Systematik	Nachhaltig-keitsanalyse	Regiona-ler Fokus	Volatilität 360 Tage	Perf. 1 Jahr	Perf. 3 Jahre	Perf. 5 Jahre
Ökoworld Öko Vision Europe	LU0309769247	2007	10,30	Unabhängiges Oekovision Kommittee überwacht Einhaltung von Positiv- (erneuerbare Energie, Gesundheit etc.) und Ausschlusskriterien (Behinderung nachhaltigen Wirtschaftens, Beschäftigung schulpflichtiger Kinder, Chlorchemie und Agrarchemie, Diskriminierung von Frauen, Diskriminierung von Minderheiten, Gentechnologie, Geschäftsbeziehungen zu Ländern, in denen gegen die Menschenrechte verstoßen wird, Kapitalbeteiligung an Unternehmen mit Negativkriterien, Kernenergie, Raubbau natürlicher Ressourcen, Rüstung/Waffen, (vermeidbare) Tierversuche, Unterbinden gewerkschaftlicher Tätigkeit)	extern und intern	Europa	n.a.	n.a.	n.a.	n.a.
Oyster Responsible Development	LU0204989353	2004	22,17	n.a.	extern (2)	global	12,1%	2,3%	9,1%	n.a.
Parvest Europe Sustainable Development	LU0212189012	2007	21,44	Ausschlusskriterien Alkohol, Rüstung/Waffen, Tabak	intern	Europa	n.a.	n.a.	n.a.	n.a.
Pictet Ethos Swiss Sustainable Equities	CH0008897636	1999	199,72	Ausschlusskriterien Kernenergie, Rüstung/Waffen, Tabak	intern und extern (1)	Schweiz	14,0%	-3,6%	14,7%	13,2%
Pictet Sustainable Equities Europe	LU0144509717	2002	160,17	Ausschlusskriterien Kernenergie, Rüstung/Waffen, Tabak	intern und extern (2)	Europa	14,5%	-4,7%	13,2%	12,4%
Pioneer Funds Global Ethical Equity	LU0119369972	2000	240,82	Ausschlusskriterien Alkohol, Bergbau, Chemie, Förderung/Verkauf fossiler Energieträger, Glücksspiel, Kernenergie, Luftfahrt, Öl, Rüstung/Waffen, Tabak, umweltschädliche Aktivitäten/Produkte	n.a.	global	12,9%	-8,1%	8,3%	6,2%
Postbank Dynamik Vision	LU0130393993	2001	309,14	Keine Ausschlusskriterien	n.a.	global	13,7%	2,6%	11,9%	8,2%
Raiffeisen-Ethik-Aktien-Fonds	AT0000677901	2002	2,80	Ausschlusskriterien Abtreibung, Alkohol, Betrieb von Kernkraftwerken, Glücksspiel, Kernenergie, Pornographie, Rüstung/Waffen, Tabak	n.a.	global	12,9%	2,1%	11,9%	10,1%

Name des Fonds	ISIN	Fonds-start	Volu-men	Kriterien & Systematik	Nachhaltig-keitsanalyse	Regiona-ler Fokus	Volatilität 360 Tage	Perf. 1 Jahr	Perf. 3 Jahre	Perf. 5 Jahre
Raiffeisen Futura Global Stock	CH0011981005	2001	114,46	Ausschlusskriterien Alkohol, Atomkraftwerke, Diskriminierung von Frauen, Diskriminierung von Minderheiten, Gefährdung menschlicher Gesundheit, Gentechnik in der Landwirtschaft, Gentechnologie, Glücksspiel, Kapitalbeteiligung an Unternehmen mit Negativkriterien, Kernenergie, Kinderarbeit, Korruption, Menschenhandel, Menschenrechte-Missachtung, Nukleartechnologie, Patente auf gentechnisch veränderte Tiere/Pflanzen, Pornographie, Rüstung/Waffen, Schädigung der Menschenwürde, Tabak, Unterbinden gewerkschaftlicher Tätigkeit, Unterstützung repressiver Regime, Uranminen/-verarbeitungsanlagen (Eigentum oder Betrieb), Verstoß gegen rechtliche Bestimmungen, Xenotransplantation, Zwangsarbeit	extern (1)	global	17,4%	4,4%	13,8%	10,2%
Raiffeisen Futura Swiss Stock	CH0011980981	2001	400,17	siehe Raiffeisen Futura Global Stock	extern (1)	Schweiz	17,6%	7,9%	24,2%	25,1%
S EthikAktien	AT0000681168	2002	26,00	n.a.	extern (1)	global	12,4%	1,4%	14,3%	12,1%
SAM Sustainable Enhanced Europe Fund	LU0280771576	2007	7,43	keine Ausschlusskriterien	intern	Europa	n.a.	n.a.	n.a.	n.a.
SAM Sustainability European Equity Fund	LU0199234955	2004	26,18	keine Ausschlusskriterien	intern	Europa	14,8%	5,4%	15,7%	n.a.
SAM Sustainability Global Equity Fund	LU0188782162	2004	22,87	keine Ausschlusskriterien	intern	global	12,0%	-4,1%	9,5%	n.a.
Julius Bär SAM Sustainability Healthy Living Fund	LU0280770768	2007	2,52	keine Ausschlusskriterien	intern	global	n.a.	n.a.	n.a.	n.a.
SAM Sustainable Leaders Fund	LU0175574911	1999	58,72	keine Ausschlusskriterien	intern	global	11,6%	-3,9%	9,3%	8,1%
Sarasin OekoSar Equity - Global	LU0229773345	1999	150,24	Ausschlusskriterien Chlorchemie und Agrarchemie, Gentechnik in der Landwirtschaft, Glücksspiel, Kernenergie, Pornographie, Rüstung/Waffen, Tabak, Verstoß gegen ILO-Kernkonventionen	intern	global	12,5%	12,7%	n.a.	n.a.

Name des Fonds	ISIN	Fondsstart	Volumen	Kriterien & Systematik	Nachhaltigkeitsanalyse	Regionaler Fokus	Volatilität 360 Tage	Perf. 1 Jahr	Perf. 3 Jahre	Perf. 5 Jahre
Sarasin Sustainable Equity - Europe	LU0058891119	2007	114,00	Ausschlusskriterien Chlorchemie und Agrarchemie, Gentechnik in der Landwirtschaft, Glücksspiel, Kernenergie, Pornographie, Rüstung/Waffen, Tabak	intern	Europa	n.a.	n.a.	n.a.	n.a.
Sarasin Sustainable Equity - Global	LU0097427784	1999	95,02	Ausschlusskriterien Chlorchemie und Agrarchemie, Gentechnik in der Landwirtschaft, Glücksspiel, Kernenergie, Pornographie, Rüstung/Waffen, Tabak	intern	global, Übergewichtung Europa	12,4%	-0,1%	10,2%	8,2%
SEB Ethical Europe Fund	LU0030166333	1988	58,19	Ausschlusskriterien Alkohol, Pornographie, Rüstung/Waffen, Tabak	extern (1)	Europa	14,6%	1,0%	18,1%	15,7%
SEB Invest ÖkoLux	LU0036592839	1992	42,77	Ausschlusskriterien Alkohol, Atomkraftwerke, Ausbeutung von Menschen, Ausbeutung von Umwelt, Mitarbeiter und gesellschaftlichem Umfeld, Beschäftigung schulpflichtiger Kinder, Chlorchemie und Agrarchemie, Diskriminierung von Frauen, Diskriminierung von Minderheiten, Drogen, Gentechnik in der Landwirtschaft, Gentechnologie, Glücksspiel, Herstellung von PVC und Vinylchlorid, Kapitalbeteiligung an Unternehmen mit Negativkriterien, Kernenergie, Menschenrechte-Missachtung, Nukleartechnologie, Pornographie, Prostitution, Rüstung/Waffen, Schädigung der Menschenwürde, Tabak, Tierversuche (vermeidbare), unzureichende soziale Absicherung der Mitarbeiter, Verstoß gegen ILO-Protokoll, Zwangsarbeit	extern (1)	global	14,8%	17,9%	17,6%	12,0%
Storebrand Principle Global (A, B, C)	LU0077538451	1996	27,27	n.a.	n.a.	global	n.a.	n.a.	n.a.	n.a.
SUPERIOR 4 Ethik Aktien	AT0000993043	2007	24,34	Ausschlusskriterien Abtreibung, Drogen, Euthanasie, Kernenergie, gravierende Menschenrechtsverletzungen, Nicht-Unterzeichnung des Kyoto-Protokolls, Pornographie, Rüstung, Tabak, Todesstrafe, kontroverses Umweltverhalten, gravierende Arbeitsrechtsverletzungen	extern (1)	global	n.a.	n.a.	n.a.	n.a.

Name des Fonds	ISIN	Fonds-start	Volu-men	Kriterien & Systematik	Nachhaltig-keitsanalyse	Regiona-ler Fokus	Volatilität 360 Tage	Perf. 1 Jahr	Perf. 3 Jahre	Perf. 5 Jahre
Swisscanto Equity Fund Green Invest	CH0009074300	1998	560,22	Ausschlusskriterien Airlines, Automobil/-industrie, Betrieb fossiler Kraftwerke, Betrieb von Kernkraftwerken, Förderung/Verkauf fossiler Energieträger, Gentechnik in der Landwirtschaft, Herstellung herkömmlicher Flugzeuge, Herstellung langlebiger organischer Schadstoffe, Herstellung ozonabbauender Substanzen, Herstellung von PVC und Vinylchlorid, Kinderarbeit, nicht nachhaltige Fischwirtschaft, nicht nachhaltige Forstwirtschaft, Patente auf gentechnisch veränderte Tiere/Pflanzen, Rüstung/Waffen, Tabak, Xenotransplantation	extern (1)	global	14,6%	11,0%	18,9%	15,9%
Swisscanto PF Fund Green Invest Equity	LU0161535835	2003	296,72	Ausschlusskriterien Airlines, Automobil/-industrie, Betrieb fossiler Kraftwerke, Betrieb von Kernkraftwerken, Förderung/Verkauf fossiler Energieträger, Gentechnik in der Landwirtschaft, Herstellung herkömmlicher Flugzeuge, Herstellung langlebiger organischer Schadstoffe, Herstellung ozonabbauender Substanzen, Herstellung von PVC und Vinylchlorid, Kinderarbeit, nicht nachhaltige Fischwirtschaft, nicht nachhaltige Forstwirtschaft, Patente auf gentechnisch veränderte Tiere/Pflanzen, Rüstung/Waffen, Tabak, Xenotransplantation	extern (1)	global	13,0%	11,5%	18,5%	n.a.
UBS (Lux) EF Eco Performance CHF	LU0076532638	1997	235,59	Ausschlusskriterien Alkohol, Atomkraftwerke, Gentechnik in der Landwirtschaft, Glücksspiel, Kernenergie, Nukleartechnologie, Pornographie, Prostitution, Rüstung/Waffen, Tabak, Waldwirtschaft ohne Ziel der FSC-Zertifizierung	intern	global	14,6%	-4,4%	7,4%	7,1%
UBS (Lux) Responsibility European Equities	LU0219906632	2005	18,13	siehe UBS (Lux) EF Eco Performance CHF	intern	Europe	14,5%	2,0%	n.a.	n.a.
VP Bank Aktienfonds Top 50 Global Sustanability	LI0014804087	2002	5,34	n.a.	extern (1)	global	n.a.	n.a.	n.a.	n.a.

Name des Fonds	ISIN	Fondsstart	Volumen	Kriterien & Systematik	Nachhaltigkeitsanalyse	Regionaler Fokus	Volatilität 360 Tage	Perf. 1 Jahr	Perf. 3 Jahre	Perf. 5 Jahre
ZKB Nachhaltigkeits Vision Fonds	CH0028360268	2007	157,10	Ausschlusskriterien Airlines, Automobil/-industrie, Betrieb fossiler Kraftwerke, Betrieb von Kernkraftwerken, Gentechnologie, Rüstung/Waffen, Tabak	intern	global	n.a.	n.a.	n.a.	n.a.
Themenfonds										
Allianz-dit Global Eco Trends	LU0250028817	2006	836,28	keine Ausschlusskriterien, Klima-/Umwelttechnologiefonds	intern	global	20,8%	53,8%	n.a.	n.a.
Cominvest Green Energy Protect 3/2013	LU0279145436	2007	31,17	keine Ausschlusskriterien, (neue) Energiefonds	intern	global	n.a.	n.a.	n.a.	n.a.
Cominvest Klima Aktien P	LU0303053887	2007	29,77	keine Ausschlusskriterien, Klima-/Umwelttechnologiefonds	n.a.	global	n.a.	n.a.	n.a.	n.a.
Credit Suisse EF Lux Future Energy B EUR	LU0245980635	2006	192,74	keine Ausschlusskriterien, (neue) Energiefonds	n.a.	global	15,6%	27,4%	n.a.	n.a.
Deka-UmweltInvest CF	DE000DK0ECS2	2006	174,34	keine Ausschlusskriterien, Klima-/Umwelttechnologiefonds	intern	global	n.a.	31,8%	n.a.	n.a.
Dr. Höller Prime Elements - Air	LU0298630244	2007	1,25	n.a.	n.a.	global	n.a.	n.a.	n.a.	n.a.
Dr. Höller Prime Elements - Earth	LU0298621763	2007	1,30	n.a.	n.a.	global	n.a.	n.a.	n.a.	n.a.
Dr. Höller Prime Elements - Fire	LU0298621334	2007	1,44	n.a.	n.a.	global	n.a.	n.a.	n.a.	n.a.
Dr. Höller Prime Elements - Water	LU0298627968	2007	1,85	n.a.	n.a.	global	n.a.	n.a.	n.a.	n.a.
DWS Klimawandel	DE000DWS0DT1	2007	870,28	keine Ausschlusskriterien, Klima-/Umwelttechnologiefonds	n.a.	global	n.a.	n.a.	n.a.	n.a.
DWS Zukunftsressourcen	DE0005152466	2006	1050,56	keine Ausschlusskriterien, Klima-/Umwelttechnologiefonds	n.a.	global	16,4%	30,7%	n.a.	n.a.

Name des Fonds	ISIN	Fonds-start	Volu-men	Kriterien & Systematik	Nachhaltig-keitsanalyse	Regiona-ler Fokus	Volatilität 360 Tage	Perf. 1 Jahr	Perf. 3 Jahre	Perf. 5 Jahre
ESPA WWF STOCK CLIMATE CHANGE	AT0000A054G6	2007	29,52	Produkt- und technologiebezogene Ausschlusskriterien: Atomenergie, grüne Gentechnologie, Tierversuche und der Handel mit gefährdeten Tier- und Pflanzenarten nach CITES, sowie FCKW- und PVC-beinhaltende Produkte; branchenbezogene Ausschlusskriterien: Erdöl-, Kohle- und Bergbauindustrie, Tabak- und Alkoholindustrie, Rüstungs- und Waffenindustrie, Luftfahrt-, PKW- und Motorradindustrie, Glückspiel und Pornographie; zusätzliche Ausschlusskriterien: Vergehen gegen ILO-Menschenrechtskonvention, begründeter Verdacht auf Korruption	intern und extern (4)	global	n.a.	n.a.	n.a.	n.a.
ESPA WWF STOCK UMWELT	AT0000705660	2001	81,14	Produkt- und technologiebezogene Ausschlusskriterien: Atomenergie, grüne Gentechnologie, Tierversuche und der Handel mit gefährdeten Tier- und Pflanzenarten nach CITES, sowie FCKW- und PVC-beinhaltende Produkte; branchenbezogene Ausschlusskriterien: Erdöl-, Kohle- und Bergbauindustrie, Tabak- und Alkoholindustrie, Rüstungs- und Waffenindustrie, Luftfahrt-, PKW- und Motorradindustrie, Glückspiel und Pornographie; zusätzliche Ausschlusskriterien: Vergehen gegen ILO-Menschenrechtskonvention, begründeter Verdacht auf Korruption	intern und extern (1)	global	17,6%	25,8%	24,8%	17,8%
Fortis L Fund Equity Environmental Sustainability World	LU0251281332	2006	166,51	Fortis Sustainability Radar/Umwelttechnologie Fond/unabhängige Prozessverifizierung von internationalem SRI Committee	extern und intern	global	14,0%	23,4%	n.a.	n.a.
FT ClimateChange	LU0308535557	2007	8,13	keine Ausschlusskriterien, Klima-/Umwelttechnologiefonds	extern (1)	global	n.a.	n.a.	n.a.	n.a.
INVESCO Umwelt und Nachhaltigkeitsfonds	DE0008470477	1990	30,07	Ausschlusskriterien Alkohol, Drogen, Gentechnologie, Glücksspiel, Kernenergie, Rüstung/Waffen, Tabak; Klima-/Umwelttechnologiefonds	n.a.	global	13,4%	-4,4%	12,5%	10,0%
Jupiter Climate Change Solutions	LU0231118026	2005	16,00	Ausschlusskriterien Glücksspiel, Rüstung/Waffen, Tabak; Klima-/Umwelttechnologiefonds	intern	global	13,1%	0,4%	15,9%	n.a.

Name des Fonds	ISIN	Fonds-start	Volu-men	Kriterien & Systematik	Nachhaltig-keitsanalyse	Regiona-ler Fokus	Volatilität 360 Tage	Perf. 1 Jahr	Perf. 3 Jahre	Perf. 5 Jahre
KBC ECO Climate Change	BE0946844272	2007	123,14	Pionier-Ansatz, Themen-/Sektorenauswahl: Unternehmen muss mindestens 50% des Umsatzes im Themenbereich nachhaltig erwirtschaften; SRI-Minimunkonditionen: Umwelt, Nuklearenergie, Menschenrechte, Militärindustrie, Corporate Governance; Quantitative und fundamentale Finanzanalyse durch eigene SRI-Researchabt. und unabhängiges SRI-Screening	intern und extern (1)	global	n.a.	7,6%	n.a.	n.a.
KBC ECO Fund Alternative Energy	BE0175280016	2000	342,03	Kriterien siehe KBC ECO Climate Change	intern und extern (1)	global	19,6%	44,9%	35,5%	25,2%
KBC ECO Fund Water	BE0175478057	2000	360,87	Kriterien siehe KBC ECO Climate Change	intern und extern (1)	global	14,3%	3,2%	15,7%	17,0%
LBBW Global Warming Strategie	DE000A0KEYM4	2007	62,92	keine Ausschlusskriterien, Klima-/Umwelttechnologiefonds	n.a.	global	n.a.	n.a.	n.a.	n.a.
Meridio Green Balance	LU0117185156	2000	12,10	Ausschlusskriterien Diskriminierung von Frauen, Diskriminierung von Minderheiten, Geschäftsbeziehungen zu Ländern, in denen gegen die Menschenrechte verstoßen wird, Produktion in Ländern der 3. Welt unter unzumutbaren sozialen oder ökologischen Verhältnissen, Rüstung/Waffen, Tierversuche (vermeidbare), umweltschädliche Aktivitäten/Produkte, unzureichende soziale Absicherung der Mitarbeiter; Klima-/Umwelttechnologiefonds	extern (1)	global	14,7%	7,6%	15,3%	11,2%
MLIIF New Energy Fund	LU0124384867	2001	7930,07	keine Ausschlusskriterien, (neue) Energiefonds	n.a.	global	20,9%	41,6%	32,4%	28,2%
New Energy Fund	LU0121747215	2000	441,45	Ausschlusskriterien Kernenergie, Pornographie, Rüstung/Waffen; (neue) Energiefonds	intern	global	15,7%	40,7%	32,5%	28,3%
New Power	LU0122505927	2001	30,46	keine Ausschlusskriterien, (neue) Energiefonds	n.a.	global	n.a.	n.a.	n.a.	n.a.
Ökoworld Klima	LU0301152442	2007	18,20	OekoWorld überwacht Einhaltung von Positiv- (erneuerbare Energien etc.) und Ausschlusskriterien (siehe Oekovision)	extern und intern	global	n.a.	n.a.	n.a.	n.a.
Parworld Environmental Opportunities	LU0256119859	2006	194,75	keine Ausschlusskriterien, Klima-/Umwelttechnologiefonds	intern	global	12,9%	5,6%	n.a.	n.a.
Pictet Water	LU0104884860	2000	4064,55	keine Ausschlusskriterien	intern	global	11,7%	3,1%	16,9%	14,9%

Name des Fonds	ISIN	Fondsstart	Volumen	Kriterien & Systematik	Nachhaltigkeitsanalyse	Regionaler Fokus	Volatilität 360 Tage	Perf. 1 Jahr	Perf. 3 Jahre	Perf. 5 Jahre
Pictet Clean Energie	LU0280430660	2007	1011,05	keine Ausschlusskriterien, (neue) Energiefonds	intern	global	n.a.	n.a.	n.a.	n.a.
Pioneer Funds - Global Ecology	LU0271656133	1990	1303,45	Ausschlusskriterien Alkohol, Glücksspiel, Menschenhandel, Pornographie, Rüstung/Waffen, Tabak, (vermeidbare) Tierversuche	extern (1)	global	13,6%	11,0%	23,4%	19,8%
SAM Smart Energy Fund	LU0175571735	2003	285,29	keine Ausschlusskriterien, (neue) Energiefonds	intern	global	17,6%	55,5%	30,4%	n.a.
SAM Sustainable Climate Fund	LU0280770172	2007	74,11	keine Ausschlusskriterien, Klima-/Umwelttechnologiefonds	intern	global	n.a.	n.a.	n.a.	n.a.
SAM Sustainable Material Fund	LU0175575991	1999	23,39	keine Ausschlusskriterien	intern	global	n.a.	11,6%	n.a.	n.a.
SAM Sustainable Water Fund	LU0133061175	2001	1835,52	keine Ausschlusskriterien	intern	global	12,2%	5,1%	15,8%	15,9%
Sarasin New Power Fund	LU0288930869	2007	332,46	Ausschlusskriterien Kernenergie, Rüstung/Waffen; (neue) Energiefonds	intern	global	n.a.	n.a.	n.a.	n.a.
SISF Global Climate Change	LU0302446645	2007	219,78	n.a.	n.a.	global	n.a.	n.a.	n.a.	n.a.
Swisscanto Equity Fund Climate Invest	LU0275317336	2007	187,07	Airlines, Automobil/-industrie, Betrieb fossiler Kraftwerke, Betrieb von Kernkraftwerken, Förderung/Verkauf fossiler Energieträger, Gentechnik in der Landwirtschaft, Herstellung herkömmlicher Flugzeuge, Herstellung langlebiger organischer Schadstoffe, Herstellung ozonabbauender Substanzen, Herstellung von PVC und Vinylchlorid, Kinderarbeit, nicht nachhaltige Fischwirtschaft, nicht nachhaltige Forstwirtschaft, Patente auf gentechnisch veränderte Tiere/Pflanzen, Rüstung/Waffen, Tabak, Xenotransplantation	extern (1)	global	n.a.	n.a.	n.a.	n.a.
Swisscanto Equity Fund Water Invest	LU0302976872	2007	45,54	siehe Swisscanto Portfolio Fund Green Invest Balanced; zwei Drittel der ausgewählten Unternehmen muss die Ausschlusskriterien voll erfüllen, der Rest muss nur mehrheitlich im Wassersektor tätig sein	extern (1)	global	n.a.	n.a.	n.a.	n.a.
TVG Zukunftsfonds	AT0000A05H90	2007	1,32	n.a.	n.a.	global	n.a.	n.a.	n.a.	n.a.

Name des Fonds	ISIN	Fonds-start	Volu-men	Kriterien & Systematik	Nachhaltig-keitsanalyse	Regiona-ler Fokus	Volatilität 360 Tage	Perf. 1 Jahr	Perf. 3 Jahre	Perf. 5 Jahre
UBS (Lux) EF Global Innovators	LU0130799603	2001	1014,47	Ausschlusskriterien Braunkohle, Kernernergie; (neue) Energiefonds	intern	global	15,6%	28,3%	24,8%	22,4%
VCH New Energy	LU0283850484	2007	3,51	Ausbeutung von Umwelt, Mitarbeitern und gesellschaftlichem Umfeld, Glücksspiel, Kernenergie, Pornographie, Prostitution, Rüstung/Waffen; (neue) Energiefonds	intern und extern	global	n.a.	n.a.	n.a.	n.a.
Vontobel Fund Global Trend New Power Tech	LU0138258404	2001	515,12	keine Ausschlusskriterien, (neue) Energiefonds	intern	global	16,0%	41,7%	32,7%	22,9%
Zegora Environmental Fund EUR	CH0025706174	2006	n.a.	Ausschlusskriterien Atomkraftwerke, Betrieb von Kernkraftwerken, Nukleartechnologie, Rüstung/ Waffen; Klima-/Umwelttechnologiefonds	intern	global	n.a.	9,8%	n.a.	n.a.
2 RENTENFONDS										
ABN AMRO Sustainable Global Credit Fund	LU0251441712	2006	0,01	keine Ausschlusskriterien, nachhaltige Orientierung	intern	global	n.a.	n.a.	n.a.	n.a.
AXA World Fonds Development Debt	LU0140866178	2002	15,81	keine Ausschlusskriterien, nachhaltige Orientierung	n.a.	global	n.a.	2,6%	2,2%	n.a.
Dexia Sustainable Euro Bonds	BE0943336116	2004	258,41	bei Unternehmensanleihen dieselbe Systematik wie für Aktien; bei Staatsanleihen Achtung der Demokratie und der Menschenrechte sowie der wichtigsten internationalen Verträge	intern und extern	Europa	3,2%	0,0%	1,1%	n.a.
Dexia Sustainable Euro Corporate Bonds	BE0945493345	2005	107,80	bei Unternehmensanleihen dieselbe Systematik wie für Aktien; bei Staatsanleihen Achtung der Demokratie und der Menschenrechte sowie der wichtigsten internationalen Verträge	intern und extern	Europa	2,5%	-0,6%	n.a.	n.a.
Dexia Sustainable Euro Government Bonds	BE0945481225	2005	343,43	bei Unternehmensanleihen dieselbe Systematik wie für Aktien; bei Staatsanleihen Achtung der Demokratie und der Menschenrechte sowie der wichtigsten internationalen Verträge	intern und extern	Europa	3,2%	1,2%	n.a.	n.a.
Dexia Sustainable Euro Long Term Bonds	BE0945484252	2005	89,20	bei Unternehmensanleihen dieselbe Systematik wie für Aktien; bei Staatsanleihen Achtung der Demokratie und der Menschenrechte sowie der wichtigsten internationalen Verträge	intern und extern	Europa	5,2%	-2,3%	n.a.	n.a.

Name des Fonds	ISIN	Fondsstart	Volumen	Kriterien & Systematik	Nachhaltigkeitsanalyse	Regionaler Fokus	Volatilität 360 Tage	Perf. 1 Jahr	Perf. 3 Jahre	Perf. 5 Jahre
Dexia Sustainable World Bonds	BE0945478197	2005	28,10	bei Unternehmensanleihen dieselbe Systematik wie für Aktien; bei Staatsanleihen Achtung der Demokratie und der Menschenrechte sowie der wichtigsten internationalen Verträge	intern und extern	global	3,4%	-1,9%	n.a.	n.a.
EMCore Convertible Bonds Ethik	AT0000A02FD4	2006	29,52	n.a.	intern	Wandelanleihenfonds	n.a.	1,8%	n.a.	n.a.
Prime Values Bond Paneuropa	AT0000707187	2001	1,82	Ausschlusskriterien Kinderarbeit, Drogen, gefährliche Produkte, Kernenergie, Menschenhandel, Menschenrechte-Missachtung, Prostitution, Rüstung/Waffen	intern	Europa	1,6%	-1,0%	0,2%	1,3%
ESPA BOND MÜNDELRENT	AT0000858220	2003	602,48	Ausschlusskriterien autoritäre Regime, Geldwäsche, Kernenergie, Kinderarbeit, Korruption, Todesstrafe	n.a.	Österreich	5,7%	0,6%	1,6%	2,7%
ESPA VINIS BOND	AT0000686084	2005	141,63	Ausschlusskriterien grüne Gentechnologie, Kernenergie, Kinderarbeit, nachgewiesene (schwere) Manipulation der Geschäfte, Pornographie, Rüstung/Waffen, Tabak, (vermeidbare) Tierversuche	intern und extern (3)	Europa	2,6%	0,5%	1,6%	3,1%
Ethik Bond Opportunities	AT0000707385	2003	59,19	Ausschlusskriterien Alkohol, Empfängnisverhütung, Kernenergie, Nukleartechnologie, Pornographie, Rüstung/Waffen, Tabak	extern (1)	Europa	4,2%	2,9%	3,3%	n.a.
Fortis L Fund Bond SRI Euro	LU0269743562	2006	29,79	Fortis Sustainability Radar/unabhängige Prozessverifizierung von internationalem SRI Committee	extern und intern	Europa	n.a.	0,4%	n.a.	n.a.
KCD-Union Nachhaltig Renten	DE0005326524	2001	96,50		intern und extern (1)	global	4,0%	1,3%	1,2%	2,2%
Kepler Ethik Rentenfonds	AT0000815006	2003	60,60	Positivselektion nach Länder und CSR Rating; Ausschlusskriterien Abtreibung, Alkohol, autoritäres Regime, Biozide, Chlorchemie und Agrarchemie, Embryonenforschung, Gentechnik in der Landwirtschaft, Glücksspiel, Kernenergie, Menschenrechte-Missachtung, Pornographie, Rüstung/Waffen, Tabak, (vermeidbare) Tierversuche, Todesstrafe, Verstoß gegen ILO-Protokoll	intern und extern (1)		5,7%	0,0%	1,1%	2,9%

Name des Fonds	ISIN	Fondsstart	Volumen	Kriterien & Systematik	Nachhaltigkeitsanalyse	Regionaler Fokus	Volatilität 360 Tage	Perf. 1 Jahr	Perf. 3 Jahre	Perf. 5 Jahre
INIK Fonds	LU0182869809	2004	101,56	n.a.	n.a.	Europa	2,1%	0,0%	1,4%	n.a.
Oppenheim Ethik Bond Opportunities	AT0000707393	2003	59,19	n.a.	extern (1)	global	3,0%	1,9%	2,7%	n.a.
Ökoworld Öko Trend Bonds	LU0183092898	2004	10,75	n.a.	extern (1)	global	n.a.	-1,5%	-0,4%	n.a.
Panda Renditefonds DWS	DE0009769844	1997	21,53	n.a.	n.a.	global	5,0%	-2,6%	-0,4%	0,4%
Parvest Euro Bond Sustainable Development	LU0265287804	2006	49,10	Ausschlusskriterien Alkohol, Rüstung/Waffen, Tabak	intern	Europa	n.a.	0,3%	n.a.	n.a.
Parvest Euro Corporate Bond Sustainable Development	LU0265288877	2006	52,76	Ausschlusskriterien Alkohol, Rüstung/Waffen, Tabak	intern	Europa, Unternehmensanleihen	n.a.	-0,9%	n.a.	n.a.
Prime Value Bond Paneuropa	AT0000707187	2001	1,82	Ausschlusskriterien Kinderarbeit, Drogen, gefährliche Produkte, Kernenergie, Menschenhandel, Menschenrechte-Missachtung, Prostitution, Rüstung/Waffen	intern	Europa	1,6%	-1,0%	0,2%	1,3%
Pro Mundo Fonds	DE0009750166	1995	30,12	keine Ausschlusskriterien	n.a.	global	4,7%	-0,9%	1,0%	1,3%
Raiffeisen Futura Global Bond	CH0011981039	2001	63,68	Ausschlusskriterien Alkohol, Atomkraftwerke, Diskriminierung von Frauen, Diskriminierung von Minderheiten, Gefährdung menschlicher Gesundheit, Gentechnik in der Landwirtschaft, Gentechnologie, Glücksspiel, Kapitalbeteiligung an Unternehmen mit Negativkriterien, Kernenergie, Kinderarbeit, Korruption, Menschenhandel, Menschenrechte-Missachtung, Nukleartechnologie, Patente auf gentechnisch veränderte Tiere/Pflanzen, Pornographie, Rüstung/Waffen, Schädigung der Menschenwürde, Tabak, Unterbinden gewerkschaftlicher Tätigkeit, Unterstützung repressiver Regime, Uranminen/-verarbeitungsanlagen (Eigentum oder Betrieb), Verstoß gegen rechtliche Bestimmungen, Xenotransplantation, Zwangsarbeit	extern (1)	global	5,3%	-2,2%	-1,1%	-1,5%

Name des Fonds	ISIN	Fonds-start	Volu-men	Kriterien & Systematik	Nachhaltig-keitsanalyse	Regiona-ler Fokus	Volatilität 360 Tage	Perf. 1 Jahr	Perf. 3 Jahre	Perf. 5 Jahre
Raiffeisen Futura Swiss Franc Bond	CH0011980939	2001	202,14	siehe Raiffeisen Futura Global Bond	extern (1)	Schweiz	3,0%	-4,1%	-2,2%	-1,6%
S EthikBond	AT0000681134	2002	9,00	n.a.	extern (1)	global	2,9%	-1,5%	0,7%	-0,2%
Sarasin-FairInvest-Bond-Universal-Fonds	DE0006623077	2002	26,69	Obligationen von Staaten mit aktivem Lobbying zum Ausbau der Kernenergie, mit ABC-Waffen ohne konkrete Abrüstungspläne, welche die Todesstrafe vollstrecken, die das Kyoto-Protokoll nicht ratifiziert haben	intern	Europa	4,0%	-0,6%	0,9%	2,2%
Sarasin Sustainable Bond EUR	LU0158938935	2003	50,70	Ausschlusskriterien Chlorchemie und Agrarchemie, Gentechnik in der Landwirtschaft, Glücksspiel, Kernenergie, Pornographie, Rüstung/Waffen, Tabak; Obligationen von Staaten mit mit ABC-Waffen ohne konkrete Abrüstungspläne und/ oder welche die Todesstrafe vollstrecken	intern	Europa (Euro)	3,6%	0,0%	0,6%	n.a.
SEB Invest ÖkoRent	LU0041441808	1989	23,38	Ausschlusskriterien Alkohol, Atomkraftwerke, Ausbeutung von Menschen, Ausbeutung von Umwelt, Mitarbeiter und gesellschaftlichem Umfeld, Beschäftigung schulpflichtiger Kinder, Chlorchemie und Agrarchemie, Diskriminierung von Frauen, Diskriminierung von Minderheiten, Drogen, Gentechnik in der Landwirtschaft, Gentechnologie, Glücksspiel, Herstellung von PVC und Vinylchlorid, Kapitalbeteiligung an Unternehmen mit Negativkriterien, Kernenergie, Menschenrechte-Missachtung, Nukleartechnologie, Pornographie, Prostitution, Rüstung/Waffen, Schädigung der Menschenwürde, Tabak, Tierversuche (vermeidbare), unzureichende soziale Absicherung der Mitarbeiter, Verstoß gegen ILO-Protokoll, Zwangsarbeit	extern (1)	global	5,5%	-1,5%	-0,4%	-0,6%
SUPERIOR 1 Ethik Renten	AT0000855606	2005	130,23	Ausschlusskriterien Abtreibung, Drogen, Euthanasie, Kernenergie, gravierende Menschenrechtsverletzungen, Nicht-Unterzeichnung des Kyoto-Protokolls, Pornographie, Rüstung, Tabak, Todesstrafe, kontroverses Umweltverhalten, gravierende Arbeitsrechtsverletzungen	extern (1)	global	3,7%	0,2%	n.a.	n.a.

Name des Fonds	ISIN	Fondsstart	Volumen	Kriterien & Systematik	Nachhaltigkeitsanalyse	Regionaler Fokus	Volatilität 360 Tage	Perf. 1 Jahr	Perf. 3 Jahre	Perf. 5 Jahre
3 CASHFONDS										
Dexia Sustainable Euro Short Term Bonds	BE0945490317	2005	205,23	bei Unternehmensanleihen dieselbe Systematik wie für Aktien; bei Staatsanleihen Achtung der Demokratie und der Menschenrechte sowie der wichtigsten internationalen Verträge	intern und extern	Europa	1,0%	2,9%	n.a.	n.a.
ESPA VINIS CASH	AT0000A03969	2006	67,03	Ausschlusskriterien grüne Gentechnologie, Kernenergie, Kinderarbeit, nachgewiesene (schwere) Manipulation der Geschäfte, Pornographie, Rüstung/Waffen, Tabak, (vermeidbare) Tierversuche	intern und extern (3)	Europa	n.a.	2,6%	n.a.	n.a.
SUPERIOR 5 Ethik Geld	AT0000A01UR5	2006	12,23	Ausschlusskriterien Abtreibung, Drogen, Euthanasie, Kernenergie, gravierende Menschenrechtsverletzungen, Nicht-Unterzeichnung des Kyoto-Protokolls, Pornographie, Rüstung, Tabak, Todesstrafe, kontroverses Umweltverhalten, gravierende Arbeitsrechtsverletzungen	extern (1)	global	n.a.	2,4%	n.a.	n.a.
4 GEMISCHTE FONDS										
Credit Suisse Fund Lux Christian Values B	LU0293559083	2007	46,44	Ausschlusskriterien Alkohol, Glücksspiel, Pornographie, Rüstung/Waffen, Tabak	n.a.	bis zu 30% nichjt fest-verzinsliche Papiere	n.a.	n.a.	n.a.	n.a.
Dexia Sustainable European Balanced High	BE0169199313	1998	79,02	detaillierte Analyse mittels eines Multi-Stakeholder-Modells mit verschiedenen nachhaltigen Themen (Positivkriterien), ergänzt um zahlreiche Ausschlusskriterien (Negativkriterien), wie z.B. Alkohol, Tabak, Glückspiel, Pornographie, Nuklearenergie, Waffen u.a.	intern und extern	70% Aktien, 30% Renten	10,4%	0,3%	9,6%	8,8%
Dexia Sustainable European Balanced Medium	BE0159411405	1996	437,20	detaillierte Analyse mittels eines Multi-Stakeholder-Modells mit verschiedenen nachhaltigen Themen (Positivkriterien), ergänzt um zahlreiche Ausschlusskriterien (Negativkriterien), wie z.B. Alkohol, Tabak, Glückspiel, Pornographie, Nuklearenergie, Waffen u.a.	intern und extern	50% Aktien, 50% Renten	16,6%	0,6%	7,2%	7,0%

Name des Fonds	ISIN	Fondsstart	Volumen	Kriterien & Systematik	Nachhaltigkeitsanalyse	Regionaler Fokus	Volatilität 360 Tage	Perf. 1 Jahr	Perf. 3 Jahre	Perf. 5 Jahre
Dexia Sustainable European Balanced Low	BE0159412411	1998	212,90	detaillierte Analyse mittels eines Multi-Stakeholder-Modells mit verschiedenen nachhaltigen Themen (Positivkriterien), ergänzt um zahlreiche Ausschlusskriterien (Negativkriterien), wie z.B. Alkohol, Tabak, Glückspiel, Pornographie, Nuklearenergie, Waffen u.a.	intern und extern	30% Aktien, 70% Renten	19,1%	0,9%	5,2%	5,6%
Dr. Höller Prime Values Growth	AT0000803689	2006	11,35	n.a.	intern	Schwerpunkt Aktien	8,1%	-3,7%	7,8%	7,2%
Dr. Höller Prime Values Dividend	AT0000973029	1995	77,60	Ausschlusskriterien Kinderarbeit, Drogen, gefährliche Produkte, Kernenergie, Menschenhandel, Menschenrechte-Missachtung, Prostitution, Rüstung/Waffen	intern	Mischfonds	2,9%	-2,7%	3,8%	4,9%
DVG Stiftungsfonds	DE0005318406	2002	311,32	n.a.	n.a.	maximal 30% Aktienanteil	4,9%	3,0%	5,1%	4,6%
DWS Bildungsfonds	DE0008474198	1993	109,70	n.a.	n.a.	Mischfonds mit Schwerpunkt auf deutsche Papiere	8,7%	5,4%	9,3%	9,8%
Fonds für Orden und Ökumene INVESCO	DE0009784074	2000	82,85	Ausschlusskriterien Alkohol, Gentechnologie, Kernenergie, Rüstung/Waffen, Tabak, (vermeidbare) Tierversuche	intern und extern (1)	Aktienanteil zwischen 30 und 50%	6,4%	-2,3%	5,4%	5,6%
Fonds für Stiftungen INVESCO	DE0008023565	2003	22,31	Ausschlusskriterien Alkohol, Gentechnologie, Kernenergie, Rüstung/Waffen, Tabak, (vermeidbare) Tierversuche	intern und extern (1)	Aktienanteil zwischen 30 und 50%	6,0%	-1,7%	5,8%	n.a.

Name des Fonds	ISIN	Fondsstart	Volumen	Kriterien & Systematik	Nachhaltigkeitsanalyse	Regionaler Fokus	Volatilität 360 Tage	Perf. 1 Jahr	Perf. 3 Jahre	Perf. 5 Jahre
Fortis L Fund Strategy Growth SRI Europe	LU0087047246	1998	42,93	Fortis Sustainability Radar/Best-in-Class Plus approach/unabhängige Prozessverifizierung von internationalen SRI Committee	extern und intern	75% Aktien, 25% Renten	10,5%	1,0%	10,6%	10,6%
Fortis L Fund Strategy Stability SRI Europe	LU0087047089	1998	93,78	Fortis Sustainability Radar/Best-in-Class Plus approach/unabhängige Prozessverifizierung von internationalen SRI Committee	extern und intern	25% Aktien, 75% Renten	3,4%	0,0%	4,0%	5,0%
Fortis L Fund Strategy Balanced SRI Europe	LU0087046354	1998	134,86	Fortis Sustainability Radar/Best-in-Class Plus approach/unabhängige Prozessverifizierung von internationalen SRI Committee	extern und intern	50% Aktien, 50% Renten	6,8%	0,6%	7,3%	7,9%
GKD Fonds	DE0008474099	1976	157,67	n.a.	n.a.	Mischfonds	5,8%	1,0%	7,0%	8,1%
LIGA PAX-Balance-Stiftungsfonds-Union	DE0005314215	2000	55,54	n.a.	n.a.	Mischfonds, maximal 70% Aktien	5,1%	-2,0%	4,9%	4,5%
MI-Fonds Eco	LU0261663222	1999	42,85	Ausschlusskriterien Airlines, Beschäftigung schulpflichtiger Kinder, Betrieb fossiler Kraftwerke, Förderung/Verkauf fossiler Energieträger, Gentechnologie, Herstellung herkömmlicher Flugzeuge, Herstellung langlebiger organischer Schadstoffe, Herstellung ozonabbauender Substanzen, Herstellung von herkömmlichen Automobilen, Kernenergie, nicht nachhaltige Fischwirtschaft, nicht nachhaltige Forstwirtschaft, Rüstung/Waffen, Tabak	extern (2)	Mischfonds, maximal 40% Aktien	5,5%	-5,6%	0,3%	0,6%

Name des Fonds	ISIN	Fonds-start	Volu-men	Kriterien & Systematik	Nachhaltig-keitsanalyse	Regiona-ler Fokus	Volatilität 360 Tage	Perf. 1 Jahr	Perf. 3 Jahre	Perf. 5 Jahre
Pioneer Funds Austria - Ethik Fonds	AT0000857164	2003	28,11	Ausschlusskriterien Alkohol, autoritäres Regime, Biotechnologie, Empfängnisverhütung, Gefährliche Chemikalien, geringe soziale Standards gemessen am Lebensstandard-Index-HDI der UNDP, Glücksspiel, Kernenergie, Marktdominanz, Nicht-Ratifizierung der Basler Konvention, Nicht-Ratifizierung von Internationalen Menschenrechtsabkommen, Nicht-Unterzeichnung des Kyoto-Protokolls, Pornographie, Rüstung/Waffen, Tabak, Todesstrafe	extern (1)	30% Aktien, 70% Renten	6,0%	0,8%	3,7%	4,2%
Sarasin-FairInvest-Universal-Fonds	DE0005317127	2001	127,66	Ausschlusskriterien Airlines, Chlorchemie und Agrarchemie, Gentechnik in der Landwirtschaft, Glücksspiel, Herstellung von herkömmlichen Automobilen, Kernenergie, Pornographie, Rüstung/Waffen, Tabak; Obligationen von Staaten mit aktivem Lobbying zum Ausbau der Kernenergie, mit ABC-Waffen ohne konkrete Abrüstungspläne, welche die Todesstrafe vollstrecken, die das Kyoto-Protokoll nicht ratifiziert haben	intern	25% Aktien Europa, 75% Renten Euro	4,3%	2,2%	5,8%	6,4%
Sarasin OekoSar Portfolio	LU0058892943	1994	238,76	Ausschlusskriterien Chlorchemie und Agrarchemie, Gentechnik in der Landwirtschaft, Glücksspiel, Kernenergie, Pornographie, Rüstung/Waffen, Tabak; Obligationen von Staaten mit mit ABC-Waffen ohne konkrete Abrüstungspläne und/oder welche die Todesstrafe vollstrecken	intern	50% Aktien global, 50% Renten global	6,1%	-2,1%	5,3%	4,5%
Schöllerbank Ethik Vorsorge	AT0000809447	2006	1,03	n.a.	n.a.	70% Aktien, 30% Renten	8,1%	-1,3%	5,7%	4,6%
SUPERIOR 2 Mix	AT0000A07HS7	2007	24,47	Ausschlusskriterien Abtreibung, Drogen, Euthanasie, Kernenergie, gravierende Menschenrechtsverletzungen, Nicht-Unterzeichnung des Kyoto-Protokolls, Pornographie, Rüstung, Tabak, Todesstrafe, kontroverses Umweltverhalten, gravierende Arbeitsrechtsverletzungen	extern (1)	Mischfonds	n.a.	n.a.	n.a.	n.a.

Name des Fonds	ISIN	Fonds-start	Volu-men	Kriterien & Systematik	Nachhaltig-keitsanalyse	Regiona-ler Fokus	Volatilität 360 Tage	Perf. 1 Jahr	Perf. 3 Jahre	Perf. 5 Jahre
SUPERIOR 3 Ethik	AT0000904909	2001	131,31	Ausschlusskriterien Abtreibung, Drogen, Euthanasie, Kernenergie, gravierende Menschenrechtsverletzungen, Nicht-Unterzeichnung des Kyoto-Protokolls, Pornographie, Rüstung, Tabak, Todesstrafe, kontroverses Umweltverhalten, gravierende Arbeitsrechtsverletzungen	extern (1)	Mischfonds, maximal 20% Aktien	6,1%	-3,9%	1,7%	3,4%
Swisscanto Portfolio Fund Green Invest Balanced	LU0136171393	2001	323,60	Ausschlusskriterien Airlines, Automobil/-industrie, Betrieb fossiler Kraftwerke, Betrieb von Kernkraftwerken, Förderung/Verkauf fossiler Energieträger, Gentechnik in der Landwirtschaft, Herstellung herkömmlicher Flugzeuge, Herstellung langlebiger organischer Schadstoffe, Herstellung ozonabbauender Substanzen, Herstellung von PVC und Vinylchlorid, Kinderarbeit, nicht nachhaltige Fischwirtschaft, nicht nachhaltige Forstwirtschaft, Patente auf gentechnisch veränderte Tiere/Pflanzen, Rüstung/Waffen, Tabak, Xenotransplantation	extern (1)	Mischfonds, 40-60% Aktien	7,7%	4,8%	9,4%	7,5%
Swisscanto Portfolio Fund Green Invest Balanced (EUR)	LU0208341965	2005	162,74	siehe Swisscanto Portfolio Fund Green Invest Balanced	extern (1)	Mischfonds	6,4%	6,8%	n.a.	n.a.
Swisscanto Portfolio Fund Green Invest Income (EUR)	LU0288148280	2007	6,12	siehe Swisscanto Portfolio Fund Green Invest Balanced	extern (1)	Mischfonds	n.a.	n.a.	n.a.	n.a.
Swisscanto Portfolio Fund Green Invest Yield (EUR)	LU0288150856	2007	15,07	siehe Swisscanto Portfolio Fund Green Invest Balanced	extern (1)	Mischfonds, 10-30% Aktien	n.a.	n.a.	n.a.	n.a.
WestLB MellonWerteFonds	DE0007045148	2002	49,81	Ausschlusskriterien Chlorchemie und Agrarchemie, Glücksspiel, Kernenergie, Pornographie, Rüstung/Waffen, Tabak	extern (1)	Mischfonds, maximal 30% Aktien	5,5%	2,7%	5,4%	5,5%

Name des Fonds	ISIN	Fonds-start	Volumen	Kriterien & Systematik	Nachhaltigkeitsanalyse	Regionaler Fokus	Volatilität 360 Tage	Perf. 1 Jahr	Perf. 3 Jahre	Perf. 5 Jahre
5 DACHFONDS										
BAWAG PSK Öko Sozial Stock	AT0000A06Q31	2007	0,53	keine Ausschlusskriterien, nachhaltige Orientierung	intern	Aktiendachfonds	n.a.	n.a.	n.a.	n.a.
BHF Sustain Select	DE000A0D95R8	2005	30,16	keine Ausschlusskriterien, nachhaltige Orientierung	extern (1)	Gemischter Dachfonds	6,8%	5,8%	n.a.	n.a.
Care Group Global Sustainable Fund of Funds	CH0027677761	2003	68,47	keine Ausschlusskriterien, nachhaltige Orientierung	intern	Aktiendachfonds	n.a.	n.a.	n.a.	n.a.
Gerling Sustainability Fonds	DE0007248700	2004	16,09	keine Ausschlusskriterien, nachhaltige Orientierung	extern (1)	Gemischter Dachfonds	7,1%	0,8%	5,5%	n.a.
ProVita World Fund	LU0206716028	2005	27,60	Ausschlusskriterium Korruption	n.a.	Fonds- und Einzelaktieninvestments	4,6%	-8,1%	n.a.	n.a.
Volksbank-Ethik-Global	AT0000708367	2007	2,11	n.a.	intern	Aktiendachfonds	11,6%	0,4%	12,2%	10,0%
Warburg-Zukunft-Strategiefonds	DE0006780265	2005	13,79	n.a.	n.a.	Aktiendachfonds	9,8%	3,1%	12,9%	n.a.
6 SCHARIAFONDS										
BNP Paribas Islamic - Equ. Optimizer	LU0245286777	2006	52,04	schariakonform	n.a.	globale Aktien	12,7%	10,4%	n.a.	n.a.
CS Sicav One Equ. Al-Buraq	LU0284174892	2000	22,09	schariakonform	n.a.	globale Aktien	n.a.	n.a.	n.a.	n.a.
UBS Islamic Fund	LU0108058487	2000	39,18	schariakonform	n.a.	globale Aktien	12,5%	2,6%	7,7%	5,9%

Name des Fonds	ISIN	Fonds-start	Volu-men	Kriterien & Systematik	Nachhaltig-keitsanalyse	Regiona-ler Fokus	Volatilität 360 Tage	Perf. 1 Jahr	Perf. 3 Jahre	Perf. 5 Jahre
7 MIKROFINANZFONDS										
responsAbility Global Microfinance Fund	LU0180190273	2003	193,18	n.a.	intern	global	n.a.	6,3%	n.a.	n.a.

Anhang

Interessante Links zu Nachhaltigkeit und nachhaltigem Investment

Nachhaltigkeit

www.sociallyresponsible.org – Webseite für nachhaltiges Leben
www.unglobalcompact.org – UNO Global Compact Initiative
www.utopia.de – Webseite zu Nachhaltigkeit und strategischem Konsum

Nachhaltiges Investment

www.ecoreporter.de – Ecoreporter Portal für nachhaltiges Investment
www.eco-wiki.de – Plattform zur Einführung in das Thema nachhaltiges Investment
www.eurosif.org – Webseite des Eurosif (European Social Investment Forum)
www.forum-ng.de – Portal des Forums nachhaltige Geldanlagen, ein Forum für das deutschsprachige Europa
www.goodfunds.com – US-Seite zu nachhaltigem Investment
www.gruenesgeld.at – unabhängige Informationsplattform über ethisch-ökologisches Investment in Österreich
www.gruenes-geld.de – Informationsplattform über ethisch-ökologisches Investment
www.nachhaltiges-investment.org – unabhängiges Portal für nachhaltiges Investment
www.socialfunds.com – US-Portal für nachhaltiges Investment
www.socialinvest.org – Webseite des USSIF (US Social Investment Forum)

www.sristudies.org – Überblick über Studien zum Thema nachhaltige Anlagen
www.uksif.co.uk – Webseite des UKSIF (UK Social Investment Forum)
www.unepfi.org – Initiative für nachhaltige Anlagen der UNEP (United Nations Environment Programme)
www.unpri.org – UN-Principles for Responsible Investment

Sonstige

www.germanwatch.de – NGO zu Nachhaltigkeit, Gerechtigkeit, Engagement
www.kritischeaktionaere.de – Vereinigung zu Engagement in Deutschland

Stichwortverzeichnis